Word-Führerschein

von
Renate Gayer
Brigitte Stegner

Vorwort

Ziel des Lehrbuches ist es, Word-Kompetenzen an Projekten der täglichen Praxis zu erwerben und auf andere Arbeitssituationen sicher zu übertragen und zu festigen. Mit jeder Aufgabe wird der Umgang mit dem Textverarbeitungsprogramm Word 2007 professionell erweitert; es werden kontinuierlich Kompetenzen erworben.

Das 10-Finger-Tastschreiben wird als Grundvoraussetzung im Umgang mit dem Computer und der Tastatur und ganz besonders für das Arbeiten mit einem Textverarbeitungsprogramm vorausgesetzt. Gleichwohl wird auf wesentliche Regeln der DIN 5008 – die in der Praxis angewendet werden sollten – eingegangen.

Die Ausgangssituation „Neugestaltung der Büroarbeitsplätze" ist für alle Personen, die mit dem Computer privat und beruflich arbeiten, interessant und auch wichtig. Die zu behandelnden Themen – rund um den Arbeitsplatz – können praktisch umgesetzt werden. Mit der Kenntnis der Informationen aus den Texten kann sich der PC-Anwender vor gesundheitlichen Gefahren, die die Bildschirmarbeit und der Computerarbeitsplatz mit sich bringen, schützen. Auch auf die Regeln der Arbeitsstättenverordnung wird eingegangen.

Der Word-Führerschein ermöglicht selbstständiges Arbeiten im Unterricht, in der Praxis und im privaten Bereich. Die praxisbezogenen Situationsaufgaben (1–6) bauen aufeinander auf. Es ist möglich, diese in der vorgegebenen Reihenfolge zu bearbeiten oder auch Situationen gezielt zum Erlernen bestimmter Anwendungen auszuwählen.

Das vorliegende Buch ist das ideale Werk zum Erwerb von Kompetenzen im Umgang mit dem Textverarbeitungsprogramm Word; es eignet sich für alle Schulformen und Ausbildungsstufen und kann ebenso in der Erwachsenenbildung eingesetzt werden.

Viel Freude beim Arbeiten wünschen Ihnen

Renate Gayer
Brigitte Stegner

Zu dem Lehrbuch wird eine CD (Bestell-Nr. 4753) angeboten. Sie enthält alle Texte, Lösungen und weitere Aufgaben für den Word-Führerschein, den Geschäftsbrief-Führerschein und den Bewerbungs-Führerschein.

Anmerkung:
Grundlage ist das Betriebssystem Vista. Wird ein anderes Betriebssystem verwendet, können sich die Dialogfelder leicht verändert in Farbe und Aussehen darstellen. Da die meisten Dialogfelder in Word 2007 und Word 2003 identisch sind, ist das Erarbeiten der situationsbezogenen Aufgaben in der niedrigeren Version völlig unproblematisch.

1. Auflage, 2010
© Bildungshaus Schulbuchverlage
Westermann Schroedel Diesterweg
Schöningh Winklers GmbH
Postfach 33 20, 38023 Braunschweig
Telefon: 01805 996696* Fax: 0531 708-664
service@winklers.de, www.winklers.de
Redaktion: Michael Adler
Lektorat: Siegfried Mathea
Druck: westermann druck GmbH, Braunschweig
ISBN 978-3-8045-4752-0

* 14 ct/min aus dem deutschen Festnetz, abweichende Preise aus den Mobilfunknetzen

Auf verschiedenen Seiten dieses Buches befinden sich Verweise (Links) auf Internetadressen.

Haftungshinweis: Trotz sorgfältiger inhaltlicher Kontrolle wird die Haftung für die Inhalte der externen Seiten ausgeschlossen. Für den Inhalt dieser externen Seiten sind ausschließlich deren Betreiber verantwortlich. Sollten Sie bei dem angegebe-nen Inhalt des Anbieters dieser Seite auf kostenpflichtige, illegale oder anstößige Inhalte treffen, so bedauern wir dies ausdrücklich und bitten Sie, uns umgehend per E-Mail davon in Kenntnis zu setzen, damit beim Nachdruck der Verweis gelöscht wird.

Dieses Werk und einzelne Teile daraus sind urheberrechtlich geschützt. Jede Nutzung – außer in den gesetzlich zugelassenen Fällen – ist nur mit vorheriger schriftlicher Einwilligung des Verlages zulässig.

Vorstellung der Situationsaufgaben

Die Ausgangssituation **Neugestaltung der Büroarbeitsplätze** ist Grundlage für den Einstieg in das Textverarbeitungsprogramm Word 2007. Diese aktuelle und anspruchsvolle Aufgabe zieht sich durch alle Situationen und ist gleichermaßen im schulischen, beruflichen und privaten Bereich von großer Bedeutung.

Mit zunächst einfachen Aufgaben und Texten über den ergonomischen Bildschirmarbeitsplatz wird in das Textverarbeitungsprogramm eingeführt und in weiterführenden anspruchsvolleren Aufgaben das erlernte Wissen immer wieder vertieft und gefestigt. Die praxisbezogenen Situationen bauen aufeinander auf und zeigen, wie komplexe Zusammenhänge Schritt für Schritt erfolgreich gelöst werden.

Situation 1 Grundlagen

Zunächst wird mit der Arbeitsweise von Word 2007 vertraut gemacht. Wie Dokumente geöffnet, gespeichert werden und worauf es bei der Texterfassung ankommt, wird anschaulich erläutert. Mit dem Text über die **Arbeitsplatzgestaltung** und **Feng Shui am Arbeitsplatz** werden Grundlagen wie Markierungen, Zeichenformatierungen, Absatzgestaltungen, Formate übertragen, Rechtschreibprüfung, Silbentrennung u. v. m. erlernt, geübt und gefestigt.

Situation 2 Grundlagen

Das Arbeiten mit der Zwischenablage, das Umstellen von Wörtern, die Seiten- und Bildschirmansichten sowie Autorenkorrekturen werden u. a. anhand der Texte **Monitor** und **Klima im Büro** erarbeitet. Die Aufgaben fördern die Selbstständigkeit und Kreativität.

Situation 3 Grundlagen

Für eine anstehende Besprechung werden die erstellten Texte über **Computermaus, Tastatur, Drucker, Lärm** und **Licht** erstellt, DIN-gerecht aufbereitet und formschön gestaltet. Weiterführende Möglichkeiten der Absatzformatierungen werden angewendet. Textstellen werden mit Aufzählungszeichen, Nummerierungen und unterschiedlichen Zeilenabständen formatiert. Mit der Erstellung einer Kopf- und Fußzeile wird den Texten ein professionelles Aussehen verliehen.

Situation 4 Grundlagen

Mit dem Text über den **Arbeitsstuhl** wird der Anwender intensiv gefordert; denn Textabschnitte werden u. a. in Spalten gesetzt, andere Textabschnitte werden mit Aufzählungszeichen versehen, eine Grafik wird hinzugefügt und Initialen werden im Text erzeugt. Eine Checkliste über die Anforderungen an den Arbeitsstuhl wird mit Kästchen zum Abhaken versehen. Die erstellten Unterlagen werden zusammengetragen, ein Deckblatt mit Firmennamen und Grafik wird erstellt, eine Abschlussseite wird gestaltet. Elegant und professionell spiegeln sich die erarbeiteten Kompetenzen im Umgang mit Word in der vorliegenden Besprechungsmappe wider und stellen einen erfolgreichen und praxisgerechten Lernabschnitt dar.

Situation 5 Seriendruck – Tischkarten – Etiketten

Eine „Interne Mitteilung" an die Niederlassungsleiter wird erfasst. Dieser Arbeitsvorgang wird rationell und effizient mit der Seriendruckfunktion erledigt. Die Bedeutung des Seriendrucks und seine Vorteile werden erläutert. Das Erweitern einer vorhandenen Datenquelle wird geübt. Adressetiketten werden mit der Seriendruckfunktion erstellt. Zur Vorbereitung der Besprechung werden Tischkarten mit der Tabellenfunktion professionell gestaltet. Die praktische AutoKorrektur kommt zur Anwendung.

Situation 6 Einladung – Visitenkarten

Eine Einladung wird 2-spaltig im A4-Querformat erstellt. Neben den Regeln der Schreib- und Textgestaltung wird auch die Kreativität gefordert, der Umgang mit Spalten geübt. Bei der Erstellung von Visitenkarten – zunächst für den privaten Bereich – wird das Auge für Schrift, Farbe und ansprechende Anordnungen geschult.

Inhaltsverzeichnis

1	Neugestaltung der Büroarbeitsplätze	5

Das lernen Sie in der Situation 1

2	Situation 1 – Arbeitsplatzgestaltung – Feng Shui am Arbeitsplatz	7
3	Was ist Word?	7
3.1	Wann wird Word verwendet?	7
3.2	Welche Vorteile hat der Einsatz von Word?	8
3.3	Word starten	8
3.4	Word Bildschirm	9
	Aufgabe – Symbolleiste für den Schnellzugriff anpassen	10
4	Neues Dokument öffnen	10
5	Word-Dokument speichern	11
6	Texterfassung – Arbeitsplatzgestaltung	13
7	Word-Dokument schließen und Word beenden	14
	Texterfassung – Feng Shui am Arbeitsplatz	15
8	Textbearbeitung	16
8.1	Gespeichertes Dokument öffnen	16
8.2	Was ist ein Absatz?	17
8.3	Cursorsteuerung	17
8.4	Textgestaltung	18
9	Multifunktionsleiste	19
9.1	Registerkarten	19
9.2	Gruppen	19
9.3	Befehle/Icons	20
10	Textformatierung	20
10.1	Markierungen, Schriftart, Schriftgrad, Schriftfarbe, Fettdruck	20
10.2	Format übertragen	21
	Aufgabe	22
11	Rechtschreibprüfung	22
12	Silbentrennung	24
13	Schnelldruck	26
	Aufgabe – Feng Shui	26
	Lösung – Arbeitsplatzgestaltung	27
	Aufgabe – Ablauf für die Erfassung und die Gestaltung von Texten	29

Das lernen Sie in der Situation 2

14	Situation 2 – Monitor – Klima im Büro	31
14.1	Markierungen, Formatierungen	31
	Texterfassung – Monitor	31
14.2	Umstellen von Wörtern mithilfe der Zwischenablage	32
14.3	Umstellen von Absätzen mithilfe der Zwischenablage	33
14.4	Befehle rückgängig machen und wiederholen	34
15	Seitenansicht	34
16	Zeichenformatierung	36
17	Drucken	37
	Lösung – Text Monitor	38
	Aufgabe – Klima im Büro	39
	Lösung – Klima im Büro	41
18	Autorenkorrektur	42
	Lösung – Klima im Büro mit Korrekturzeichen	43
19	Seite einrichten	44
	Lösung – Klima im Büro	45
20	Schriftarten	46

Das lernen Sie in der Situation 3

21	Situation 3 – Maus – Tastatur – Drucker – Lärm – Licht	48
21.1	Absatzformatierung	48
21.1.1	Linksbündig – zentriert – rechtsbündig – Blocksatz	49
21.1.2	Aufzählungszeichen einfügen	49
21.1.3	Grafik einfügen	50
	Lösung – Computermaus	51
21.1.4	Nummerierung und definierte Aufzählungszeichen	52
	Lösung – Tastatur	55
21.1.5	Einzüge	56
	Texterfassung – Drucker	56
	Lösung – Drucker	58
21.1.6	Checkliste – Tabulator	59
21.1.7	Zeilenabstände	61
	Texterfassung – Lärm	62
21.1.8	Weitere Autorenkorrekturen	63
	Lösung Lärm – Autorenkorrekturen	64
21.1.9	Weitere Formatierungen	65
	Aufgabe – Zeilenabstände mit Shortcuts	66
	Lösung – Lärm	67
21.2	Rahmen und Schattierung	68
	Texterfassung – Licht am Arbeitsplatz	68
	Lösung – Licht am Arbeitsplatz	71
22	Kopf- und Fußzeile	72
	Lösung – Licht am Arbeitsplatz mit Kopf- und Fußzeile	77

Das lernen Sie in der Situation 4

23	Situation 4 – Arbeitsstuhl – Checkliste	79
	Texterfassung – Arbeitsstuhl	79
23.1	Grafik einfügen und formatieren	81
23.2	Text in Spalten setzen	82
23.3	Initiale erzeugen	84
	Lösung – Arbeitsstuhl	85
24	Deckblatt und Abschlussseite erstellen	87
	Lösung – Deckblatt und Abschlussseite	89
25	Besprechungsmappe binden	91
	Aufgabe – Vortrag	91

Das lernen Sie in der Situation 5

26	Situation 5 – Seriendruck – Tischkarten – Etiketten	93
26.1	Seriendruck – Interne Mitteilung	93
26.2	Datenquelle erstellen	94
26.3	Hauptdokument – Interne Mitteilung	95
	Lösung – Seriendruck Hauptdokument	96
26.4	Seriendruckfelder einfügen	97
26.5	Wenn-Funktion	99
	Lösung – Interne Mitteilung	101
26.6	Seriendruck	102
27	AutoKorrektur	103
27.1	Einrichten eigener AutoKorrektur-Einträge	104
	Aufgabe – weitere Einträge erstellen	105
28	Tischkarten mit der Tabellenfunktion erstellen	106
	Aufgabe – weitere Tischkarten erstellen	109
29	Adress-Etiketten mit Seriendruck erstellen	109
29.1	Datenquelle ergänzen	109
29.2	Adress-Etiketten einrichten	111
29.3	Seriendruckfelder einfügen	112
29.4	Adress-Etiketten formatieren	114
29.5	Adress-Etiketten drucken	115

Das lernen Sie in der Situation 6

30	Situation 6 – Einladung – Visitenkarten	117
30.1	Einladung entwerfen und gestalten	117
30.1.1	Vorüberlegungen	117
30.1.2	Seitenränder	118
30.1.3	Spalten einfügen	118
30.1.4	WordArt einfügen	119
30.1.5	Grafik einfügen	120
30.1.6	Einladungstext schreiben und gestalten	120
	Lösung – Einladung	121
31	Visitenkarten	122
31.1	Visitenkarten erstellen	122
31.2	Visitenkarten formatieren	124
31.3	Grafik einfügen	126
	Lösung – Visitenkarten	128
	Sachwortverzeichnis	UIII

1 Neugestaltung der Büroarbeitsplätze

In den letzten 10 Jahren wurde in die Fertigung der breiten Produktpalette der SPORTLINE KG sehr umfangreich investiert, die Produktion modernisiert. Mit modernsten Produkten konnte der Marktanteil erhöht und die Standorte im Ausland konnten weiter ausgebaut werden.

Die Ausstattung und Modernisierung der Büroarbeitsplätze wurde etwas vernachlässigt. Aufgrund der guten Geschäftslage und der enormen Gewinnsteigerungen der letzten drei Jahre sollen nun auch die Büroarbeitsplätze auf der Grundlage der Bildschirmarbeitsstättenverordnung für Bildschirmarbeitsplätze modernisiert werden. Damit soll die Arbeitsfreude und die Leistungsfähigkeit der Mitarbeiter gesteigert und gleichzeitig der demografische Wandel berücksichtigt werden.

Die Mitarbeiter haben sich in einer Umfrage mit Fragebogen über ihre Wünsche hinsichtlich der Änderungen und Modernisierung des Arbeitsplatzes rege beteiligt. Die Anregungen wurden ausgewertet und liegen der Geschäftsleitung vor. Dabei ergab sich folgende Prioritätenliste:

- Monitor
- Maus
- Tastatur
- Drucker
- Klima
- Lärm
- Licht
- Arbeitsstuhl

Zug um Zug sollen im Laufe des Jahres die Wünsche der Mitarbeiter umgesetzt werden. Gleichzeitig werden Arbeitsabläufe rationalisiert und transparenter gemacht.

Damit das Vorhaben gut gelingt, wurden die Mitarbeiter in das Projekt „Neugestaltung der Büroarbeitsplätze" aktiv eingebunden.

Für die Koordination ist federführend der Sicherheitsbeauftragte, Herr Bodo Silvester, zuständig. Finya ist im 1. Ausbildungsjahr und zurzeit dem Sicherheitsbeauftragten zugeteilt. Sie wird Herrn Silvester bei allen anfallenden Arbeiten, insbesondere dem Zusammentragen von Informationen sowie der Abwicklung des Schriftverkehrs, unterstützen.

Das lernen Sie in der Situation 1

Text: Arbeitsplatzgestaltung

Text: Feng Shui am Arbeitsplatz

→ Einführung in Word 2007
→ Einsatz und Vorteile von Word
→ Word starten
→ Word-Bildschirm
→ Neues Dokument öffnen
→ Dokument speichern und Ordner erstellen
→ Regeln für das Speichern – Speicherort – Dateiname – Dateityp
→ Texte formlos erfassen
→ Dokument schließen und Word beenden
→ Gespeichertes Dokumet öffnen
→ Multifunktionsleiste – Registerkarten – Gruppen – Befehle/Icons
→ Bedeutung eines Absatzes
→ Text in Absätze gliedern
→ Text markieren und formatieren
→ Schriftart, Schriftgrad, Schriftfarbe zuweisen
→ Sofortkorrektur mit Korrekturtaste – Korrektur mit der Enft-Taste
→ Formate übertragen
→ Verschiedene Markierungen
→ Cursorsteuerung
→ Text ergänzen
→ Rechtschreibprüfung
→ Silbentrennung
→ Drucken mit Schnelldruck

2 Situation 1

In der Besprechung über die Analyse der Fragebogen wurde Finya die Aufgabe übertragen, allgemeine Informationen über die Anforderungen eines ergonomisch gestalteten Bildschirmarbeitsplatzes zusammenzustellen. Finya hat im Internet fleißig recherchiert und sich in Gesprächen eingehend über die Ausstattung eines Bildschirmarbeitsplatzes informiert. Nun will sie die zusammengetragenen Informationen für die nächste Besprechung in einem Word-Dokument als Fließtext erfassen und gestalten.

Finya hat nur wenige Kenntnisse in dem Textverarbeitungsprogramm Word und ist mit der Version 2007 nicht vertraut. Ebenso weiß sie nicht so genau, wofür Word eingesetzt werden kann und welche Vorteile ein solches Textverarbeitungsprogramm bietet. In dem Gespräch mit Herrn Silvester erfährt Finya viel über das Programm Word und die Version 2007.

3 Was ist Word?

Word ist ein umfangreiches Textverarbeitungsprogramm mit einem enormen Potenzial zur Gestaltung von zahlreichen Schriftstücken und Vorlagen wie sie in der Arbeitswelt benötigt werden und vorkommen. Die Version Word 2007 hat sich gegenüber früheren Versionen grundlegend verändert. Die Menüleiste wurde durch die Schnellstartleiste, weitere Menü- und Symbolleisten durch Register bzw. Registerkarten mit den Multifunktionsleisten ersetzt.

Wenn die Multifunktionsleiste nach dem Starten des Programms nicht vorhanden ist, wird diese mit Doppelklick auf die Registerkarte eingeblendet. Dabei werden die Symbole in Gruppen für eine schnelle Auswahl bereitgestellt. Die Registerkarten sind dynamisch. Dies bedeutet, dass bestimmte Elemente in den Gruppen der Multifunktionsleiste nur beim Arbeiten mit den Symbolen sichtbar werden.

3.1 Wann wird Word verwendet?

Das Programm Word wird in Unternehmen und Verwaltungen zur Erledigung von täglich anfallenden Aufgaben eingesetzt, z. B.

- → Geschäftsbriefe nach DIN 676/5008
- → Einladungen
- → Flyer
- → Grafiken und Logos
- → Protokolle
- → Serienbriefe
- → Interner Schriftwechsel
- → Vordrucke/Dokumentvorlagen
- → Dokumente verwalten
- → Tabellen

3.2 Welche Vorteile hat der Einsatz von Word?

→ Auf Schriftstücke, die mit Word erstellt und gespeichert wurden, kann jederzeit zur weiteren Bearbeitung zugegriffen werden.

→ Vorhandene Dokumente lassen sich leicht verändern und neu gestalten.

→ Tabellen lassen sich einfach erstellen, ergänzen und formatieren.

→ Umfangreiche Texte lassen sich schnell mit Formatvorlagen professionell gestalten.

Finya erkennt die vielfältigen Einsatz- und Verwendungsmöglichkeiten und beginnt sofort mit der ihr übertragenen Aufgabe.

3.3 Word starten

Wie alle anderen MS-Office-Programme startet Finya das Word-Programm über die Schaltfläche Office in der Taskleiste.

1. Schaltfläche Office

2. Programme

3. Microsoft Office

4. Microsoft Office Word 2007

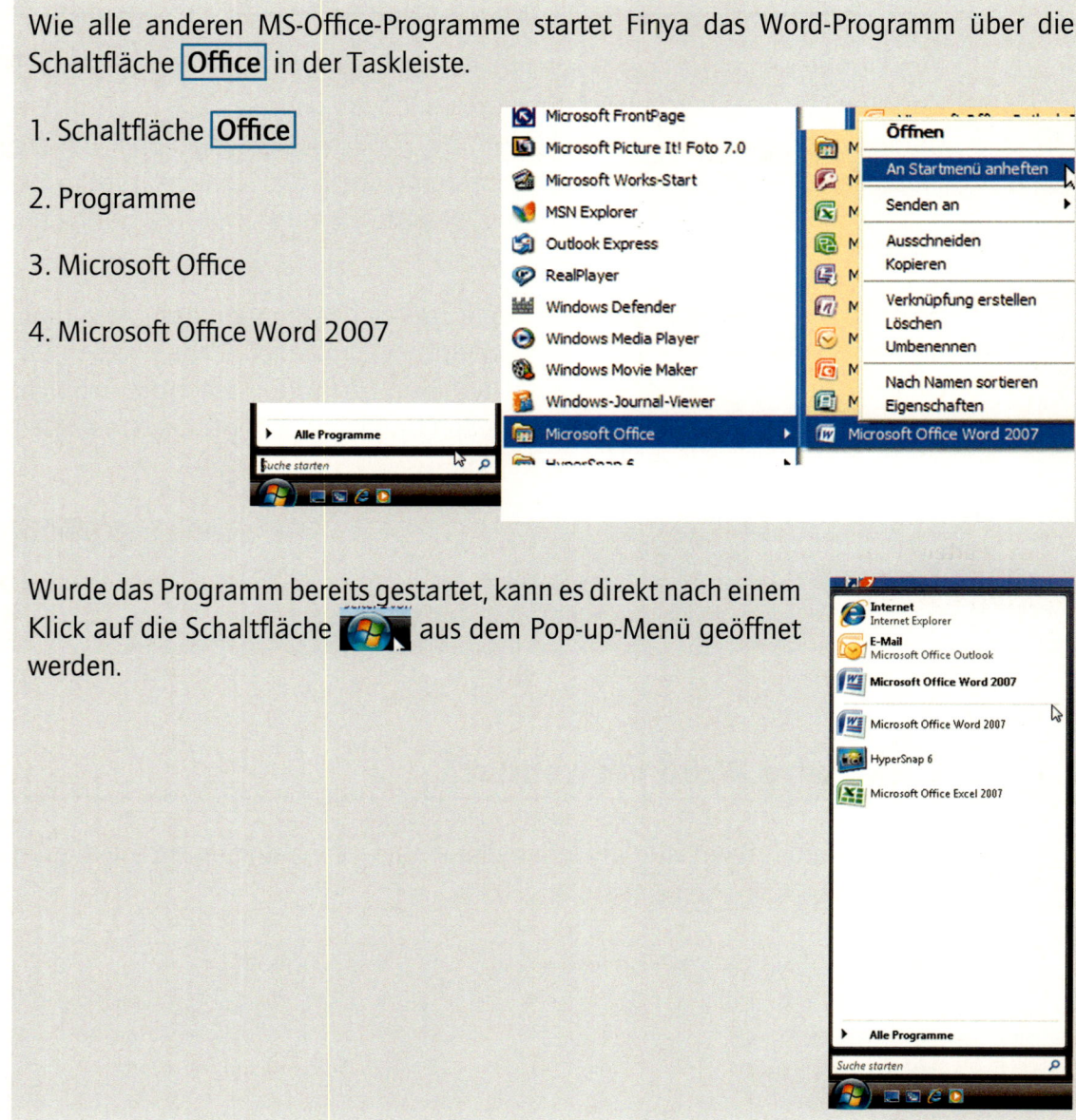

Wurde das Programm bereits gestartet, kann es direkt nach einem Klick auf die Schaltfläche aus dem Pop-up-Menü geöffnet werden.

Situation 1 – Grundlagen

3.4 Word Bildschirm

Mit dem Öffnen des Programms wird automatisch eine leere Seite/Dokument bereitgestellt.

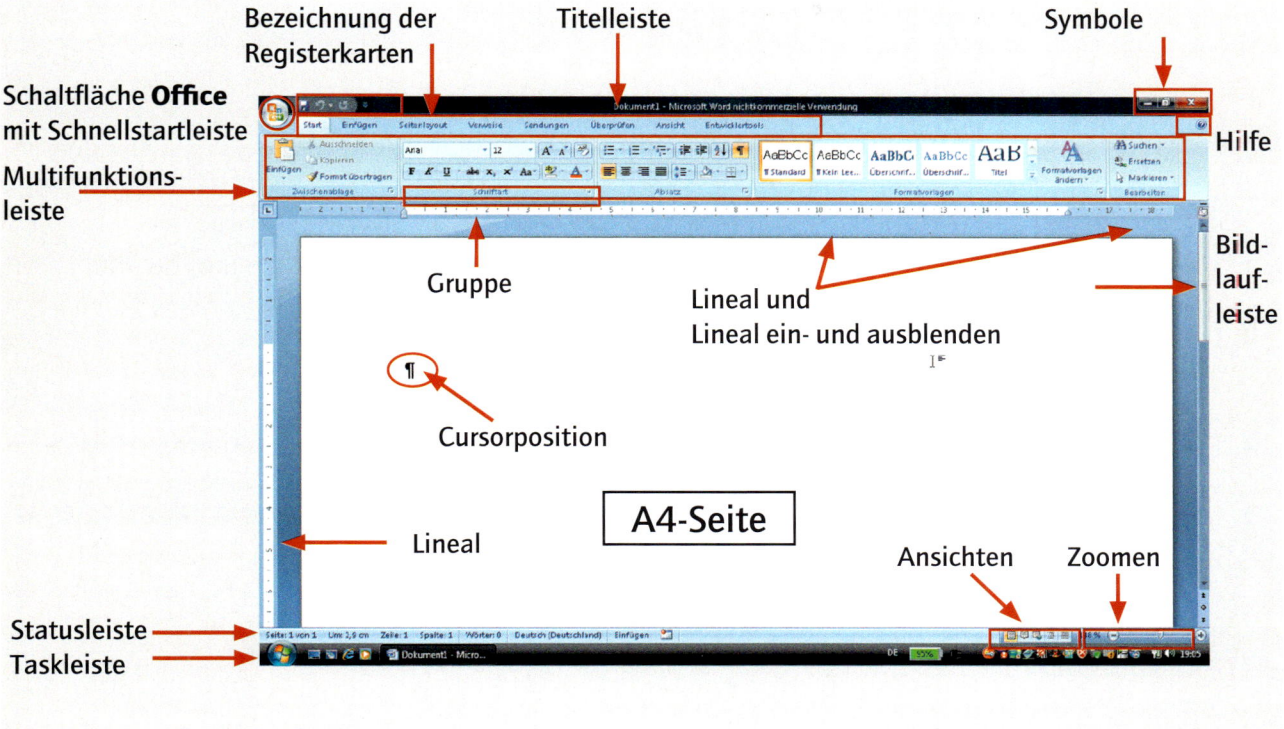

Titelleiste	Name des Programms und Dokument 1 oder Dateiname
Schaltfläche Office	Öffnen von Befehlen zur Auswahl
Schnellstartleiste	Symbolleiste für den Schnellzugriff. Enthält standardmäßig drei Symbole „Speichern, Rückgängig machen, Wiederholen/Wiederherstellen und den Listenpfeil für den Schnellzugriff anpassen".
Symbole	Standardsymbole zum Minimieren, Verkleinern und Anwendung schließen
Word-Hilfe	Start der Hilfe von Microsoft
Registerkarten Start s Einfügen s Seitenlayout s Verweise s Sendungen s Überprüfen s Ansicht s Add-Ins	Jede Registerkarte enthält eine Multifunktionsleiste mit unterschiedlichen Schaltflächen und Befehlen zur jeweiligen Formatierung und Bearbeitung für das aktuelle Arbeiten in Dokumenten.
Multifunktionsleiste	Stellt die wichtigsten Befehle für schnelles Arbeiten bereit. Befehle die **hellgrau** dargestellt werden, sind inaktiv und können zurzeit nicht benutzt werden.
Gruppe	Gruppe der Registerkarte mit Symbolen
Lineal	Hilfe beim Ausrichten beispielsweise von Text und Tabellen, Anzeige des Seitenrandes mit Schaltfläche zum Ein- und Ausblenden des Lineals.
Bildlaufleiste	Zum Blättern in umfangreichen Dokumenten
Ansichten	Wechseln zwischen Seitenlayout, Vollbild-Lesemodus, Weblayout, Gliederung und Entwurf
Zoom	Angabe über die Darstellung in Prozent und Schieberegler zum Verändern der Zoomangabe mit der Maus
Statusleiste	Seitenzahl, Anzahl der Wörter, Spracheinstellung, Ansichten, Zoomfaktor und Schieberegelung
Taskleiste	Schaltfläche Start, Schaltfläche geöffneter Programme und Dateien. Uhrzeit und Symbole mit Verknüpfungen

Situation 1 – Grundlagen

Aufgabe

→ Finya will sich die **Symbolleiste für den Schnellzugriff anpassen** näher anschauen. Sie fügt die Befehle für Neu, Öffnen, Seitenansicht hinzu. Die Seitenansicht entfernt sie wieder.

→ Um sich mit den unterschiedlichen Multifunktionsleisten etwas vertraut zu machen, klickt Finya auf jede einzelne Registerkarte.

4 Neues Dokument öffnen

Finya hat sich mit dem neuen Word-Programm vertraut gemacht und will nun die zusammengetragenen Informationen über die Arbeitsplatzgestaltung in einem Word-Dokument erfassen.

- Dazu öffnet sie das Menü über die Schaltfläche **Office** 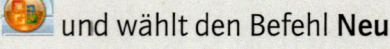 und wählt den Befehl **Neu**.

- Unter der Überschrift **Vorlagen** ist der Eintrag **Leer und zuletzt verwendet** markiert.

- Aus dem sich öffnenden Dialogfenster Neues Dokument ist standardmäßig **Leeres Dokument** markiert.

- In der rechten Spalte wird die Vorschau **Leeres Dokument** dargestellt. Mit Klick auf die Schaltfläche **Erstellen** öffnet Finya ein leeres Dokument.

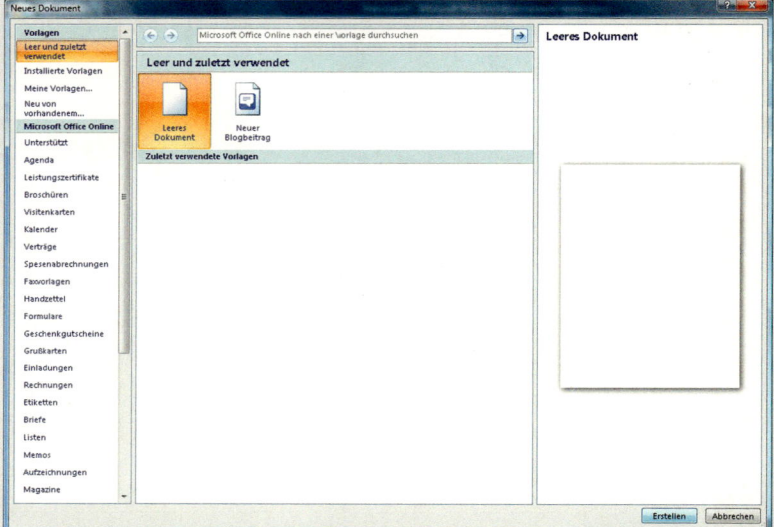

- Zunächst schreibt Finya den Firmennamen und das Thema, mit einem Gedankenstrich getrennt, in eine Zeile
SPORTLINE KG – Neugestaltung der Büroarbeitsplätze.

- Darunter schreibt sie ihren Namen und fügt dahinter das heutige Datum ein.

- Nachdem Finya die Angaben geschrieben hat, schaltet sie fünfmal, schreibt die Überschrift **Arbeitsplatzgestaltung** und schaltet noch einmal.

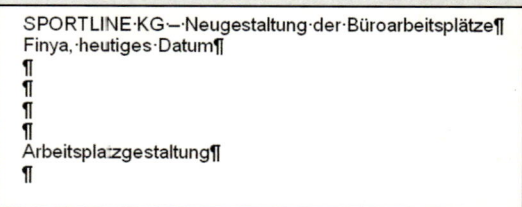

Nun kann sie immer am Dokument erkennen,
- wann Sie das Dokument erstellt hat,
- dass es sich um eine interne Sache handelt und
- welchem Sachverhalt das Dokument zugeordnet wird.

5 Word-Dokument speichern

> Dem Dokument wurde noch kein eigener Name zugeordnet. Finya will den Text zur besseren Übersicht in einem separaten Ordner ablegen und ihm zugleich einen passenden Dateinamen zuweisen. Den Ordner möchte sie auf dem Desktop anlegen, um schnell auf die Dokumente zugreifen zu können.

■ Dazu öffnet Finya die Schaltfläche **Office**. Sogleich werden in der linken Spalte die zur Verfügung stehenden Befehle angezeigt.

■ Sie wählt den Befehl **Speichern unter**.

■ Automatisch werden in der rechten Spalte mehrere Speichermöglichkeiten zur Auswahl angeboten. Finya hat die Möglichkeit, das Dokument

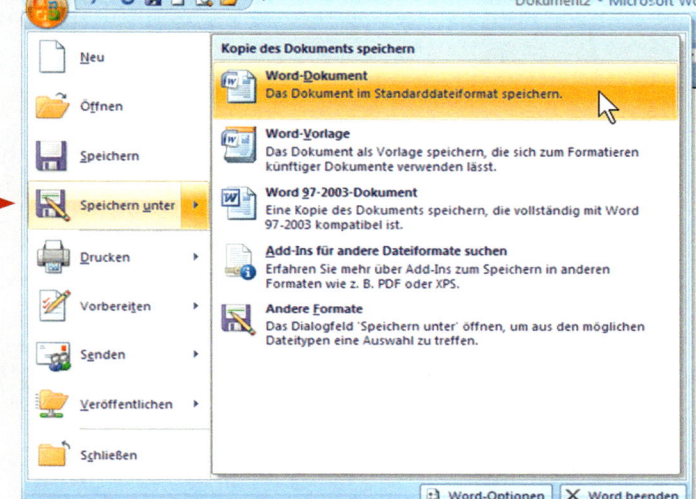

→ als normales Standardformat zu speichern,

→ als Vorlage zu speichern, um immer wieder darauf zurückgreifen zu können,

→ in einer älteren Version zu speichern, um das Dokument auch in älteren Versionen sicher öffnen zu können,

→ mit Add-Ins in einem anderen Dateiformat zu speichern (*Add-Ins sind Makros für den Im- oder Export von Fremdformaten*),

→ in einem anderen vom Programm angebotenen Dateiformat zu speichern.

■ Finya wählt den Befehl als **Word-Dokument**; damit öffnet sich das Dialogfeld **Speichern unter**.

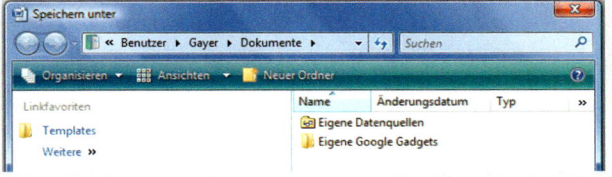

■ Sie klickt auf den Ordner **Desktop**, der ihr im Listenfeld angezeigt wird. **Eine Ebene nach oben** bis im nebenstehenden Listenfeld die Anzeige **Desktop** steht.

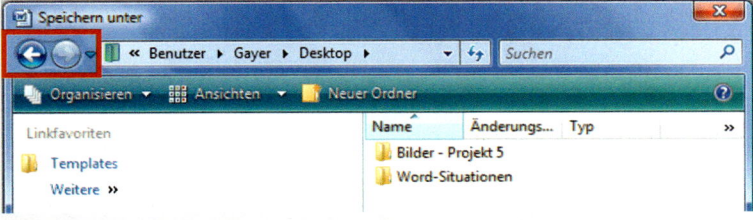

Situation 1 – Grundlagen

- Mit einem Mausklick auf den Befehl **Neuer Ordner** wird ein weiteres Dialogfeld eingefügt. Finya überschreibt die Markierung mit dem Namen **Arbeitsplatz – Neugestaltung** und bestätigt mit Return.

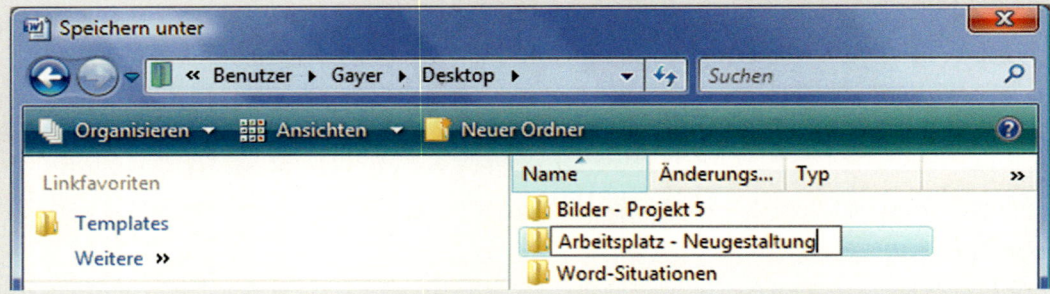

- Finya kontrolliert, ob der Name des Ordners im Listenfeld steht.

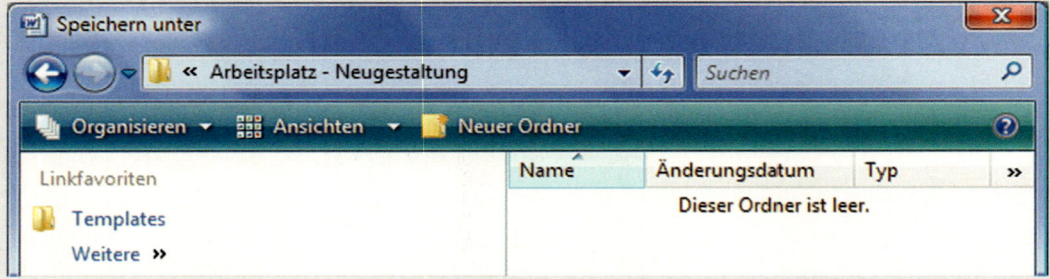

- In dem Listenfeld neben **Dateiname:** überschreibt sie den vorgeschlagenen Dateinamen mit **Arbeitsplatzgestaltung – formlos**.

- Ein Blick auf den **Dateityp:** zeigt ihr, dass es sich um ein Word-Dokument handelt und bestätigt alle Eingaben mit einem Klick auf die Schaltfläche Speichern.

- Sie prüft, ob in der Titelleiste anstelle von Dokument 1 der Dateiname steht.

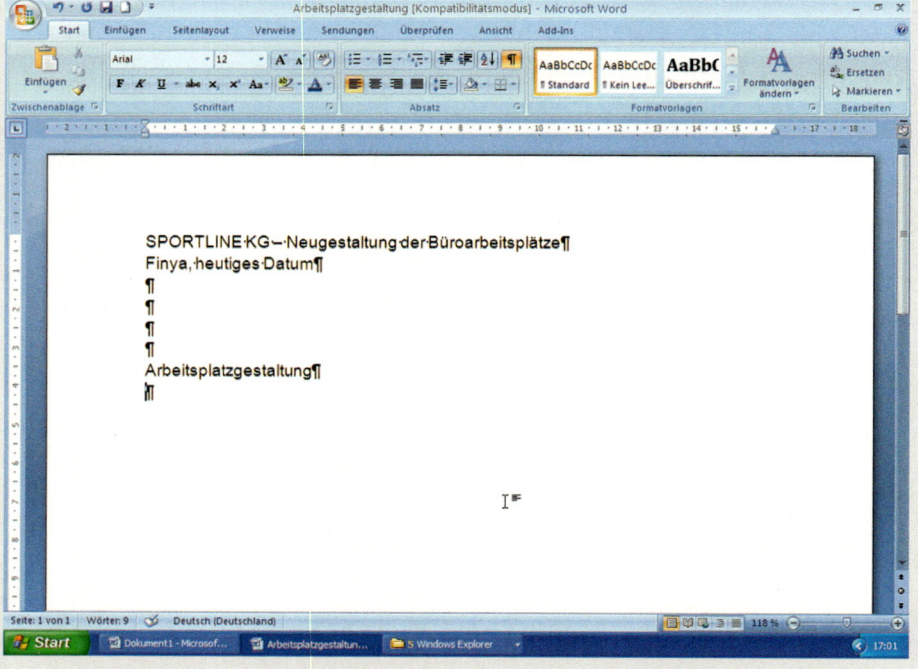

Beim weiteren Arbeiten mit der gleichen Datei kann Finya schnell über das Symbol 💾 in der Schnellstartleiste ihre Daten sichern. Dies könnte sie auch mit dem Shortcut (Tastenkombination) ｜Strg｜ + **S**. Mit der Taste **F12** könnte Finya direkt das Dialogfenster ｜Speichern unter｜ aufrufen.

Finya weiß, dass es sinnvoll ist, Dateinamen auszuwählen, die einen Bezug zum Inhalt herstellen, damit diese schnell wieder gefunden werden. Auch achtet Finya darauf, dass Sonderzeichen wie z. B.

/ ? : ; &

nicht verwendet werden dürfen.

In Word 2007 erstellte und gespeicherte Dokumente lassen sich mit älteren Wordversionen nicht öffnen. Gegebenenfalls sollten diese Arbeitsmappen unter einem älteren Dateityp gespeichert werden.

Die Endung in Word 2007 wird mit der Namenserweiterung .docx angezeigt. Ältere Wordversionen werden mit .doc gekennzeichnet.

6 Texterfassung

Den zusammengetragenen Text gibt Finya zunächst als Fließtext formlos ein, d. h. fortlaufend – ohne Zeilenschaltung – und sichert ihn unter dem gleichen Dateinamen. Eine Gliederung in Absätze will sie später vornehmen.

Bei der Eingabe von Texten passiert es schon einmal, dass man sich verschreibt. Mit der Taste für die Sofortkorrektur ｜←｜ kann Finya die Fehler beim Schreiben sofort korrigieren. Die Korrekturtaste löscht die Zeichen vor dem Cursor.

Mit der ｜Entf｜-Taste kann Finya bei Bedarf Zeichen hinter der Cursorposition löschen.

Arbeitszt|gestaltung　　　　　　　　　Arbeitsplatz|tgestaltung
　　　｜←｜　　　　　　　　　　　　　　　　｜Entf｜

Veränderungen in der Arbeitswelt durch moderne Techniken erfordern Neuerungen in den betriebsspezifischen Systemen und in der Organisation der Arbeitsaufgaben und -abläufe. Diese Veränderungen erfordern eine Umgestaltung der Büroarbeitsplätze auch durch die stetig steigenden Ansprüche an Sicherheit und Ergonomie. Nicht zuletzt ist der demografische Wandel (d. h. der wachsende Anteil älterer Menschen) in den Betrieben zu berücksichtigen. Die Leistungsfähigkeit und das Wohlbefinden der Mitarbeiter sind durch die Wahl der richtigen Möbel und Hilfsmittel sowie der ablaufgerechten Anordnung zu fördern. Eine freundliche Arbeitsatmosphäre durch Farben, Bilder, Blumen und blendfreier Raumbeleuchtung erleichtern tägliche Arbeitssituationen und motivieren. Die

Situation 1 – Grundlagen

> Arbeitsmittel am Computer – Bildschirm und Tastatur sollten hintereinander in gerader Blickrichtung angeordnet sein. Beim Arbeiten am Computer werden die Augen sehr belastet, daher sind Spiegelungen und Blendungen zu vermeiden. Mit Blick aus dem Fenster, auf Pflanzen, Bilder oder andere Objekte können die Augen entspannen. Der Bewegungsmangel durch die sitzenden Tätigkeiten belastet die Wirbelsäule. Daher sollten Bürostühle die natürlichen Haltungen und Bewegungen beim Sitzen unterstützen. Außerdem sollten nicht alle Tätigkeiten im Sitzen ausgeführt werden. Durch Unterbrechung der Arbeit am Computer, beispielsweise durch die Tätigkeit der Ablage, das Heraussuchen von Unterlagen, im Stehen telefonieren usw., können Rücken und Augen entlastet werden. Gesetze und Verordnungen regeln die grundlegenden Aufgaben und die Organisation des Arbeits- und Gesundheitsschutzes im Betrieb.

7 Word-Dokument schließen und Word beenden

> Finya ist mit der Eingabe des Textes fertig und will für heute das Arbeiten mit dieser Datei beenden.

- Dazu öffnet sie die Schaltfläche **Office** und wählt den Befehl **Schließen**.

- Falls Finya nach der letzten Speicherung noch Textergänzungen oder Änderungen in dem Dokument vorgenommen hätte, würde sich ein Dialogfenster mit der Frage öffnen, ob die Änderungen gespeichert werden sollen. Diese Frage kann Finya bestätigen oder ablehnen.

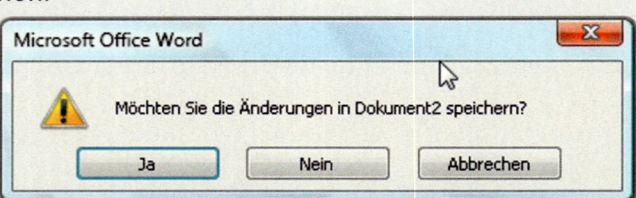

- Mit einem rechten Mausklick auf die Schaltfläche mit dem Dateinamen in der Taskleiste oder der Tastenkombination **Alt** + **F4** könnte Finya ebenfalls die Datei schließen.

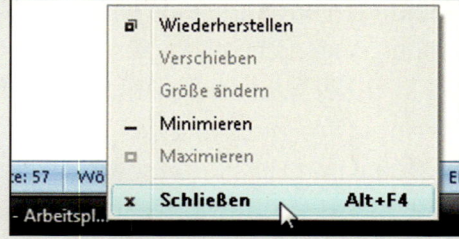

Situation 1 – Grundlagen

- Mit der Schaltfläche [X Word beenden] kann Finya das Programm Word schließen. Diese Möglichkeit hätte sie auch über die Schaltfläche [X] rechts in der Titelleiste.

- Finya beendet für heute das Programm Word über die Schaltfläche [X Word beenden].

Aufgabe Finya hat zusammen mit ihrer Kollegin für die anstehende Besprechung mit dem Sicherheitsbeauftragten, Herrn Silvester, einen Text über Feng Shui zusammengetragen. Diesen Text gibt Finya auf die gleicht Art und Weise ein, wie sie dies bei dem Text Arbeitsplatzgestaltung getan hat und speichert den Text unter dem Dateinamen **Feng Shui – formlos** im gleichen Ordner.

Feng Shui am Arbeitsplatz
Feng Shui fördert die Harmonie und die Lebensqualität – auch am Arbeitsplatz. Diese chinesische Kunst bedeutet Wind und Wasser und greift auf uralte Erfahrungen und Beobachtungen der Natur zurück. Arbeitsplätze lassen sich mithilfe von Feng Shui so gestalten, dass der Energiefluss nicht gestört wird, was sich wiederum auf die Motivation, die Konzentration und Leistungskapazität auswirkt. Dabei spielen u. a. Farben, Pflanzen und die Anordnung der Möbel eine entscheidende Rolle, wenngleich die Umsetzung von Feng Shui in einem Büro nicht immer einfach ist und dennoch mit wenigen Mitteln gelingen kann. So kann auch in einem großen Raum eine persönliche Arbeitsecke eingerichtet werden, und zwar beispielsweise durch einen Vorhang, eine persönliche Wandfarbe, eine nach unten leuchtende Lampe, ein Regal, welches den Raum etwas abtrennt oder eine Pflanze. Der Arbeitstisch sollte so aufgestellt sein, dass der eigene Körper durch das einfallende Licht keinen Schatten wirft. Das Licht sollte für Rechtshänder von vorne links, für den Linkshänder von vorne rechts kommen. Auf die Wahl des richtigen Lichtes ist besonders zu achten; denn Licht ist für den menschlichen Organismus, aber auch für Pflanzen sehr wichtig, darf aber nicht blenden. Am besten eignet sich Tageslicht, welches einer künstlichen Beleuchtung vorzuziehen ist. Ein Defizit an Licht kann mit Spiegeln und Farben ausgeglichen werden. Farben motivieren und stimulieren. So kann mit einer neuen Wandfarbe eine positive Arbeitsatmosphäre geschaffen werden, wobei ein Übermaß an stimulierenden Farben zu Hektik, Nervosität und Konzentrationsschwäche führen kann. Daher sollten Farben, Vorhänge oder Accessoires je nach Arbeitsbereich gewählt werden. Anregend wirken die Farben Orange, Gelb oder Rot. Die Farben Blau und Grün haben beruhigenden Einfluss. Einen sehr guten Einfluss auf die Arbeitsatmosphäre haben Pflanzen, welche gepflegt gute Energiespender sind und gleichzeitig für eine gute Raumluft und Luftfeuchtigkeit sorgen. Wichtig sind die Auswahl der Pflanzen und die Wahl des Standortes. Gute Energiespender sind auch Wasserobjekte. So wirkt ein Zimmerbrunnen beruhigend und beugt Stress vor. Gleichzeitig sorgt er für ein angenehmes Raumklima. Werden die Regeln nach Feng Shui schon bei der Planung und Gestaltung von Arbeitsplätzen berücksichtigt, können Disharmonien vermieden und die persönliche Vitalität und Arbeitsfreude gesteigert werden.

Situation 1 – Grundlagen

8 Textbearbeitung

Unter Textbearbeitung versteht man zum einen das Ändern eines erfassten Textes, z. B. neu formulieren, einfügen und löschen von Textteilen; aber auch das Gestalten des Textes durch Schriftveränderungen, Textgliederungen und Seitenlayouts.

8.1 Gespeichertes Dokument öffnen

> Finya hat den gespeicherten Text über Arbeitsplatzgestaltung noch einmal gelesen und will diesen noch etwas ergänzen. Auch stellt Finya fest, dass der Text so zusammenhängend geschrieben unübersichtlich wirkt. Daher will sie diesen in Absätze gliedern und für die Besprechung repräsentativer gestalten.

■ Nach dem Öffnen des Programms Word klickt Finya auf die Schaltfläche Office.

■ In der Liste der *Zuletzt verwendeten Dokumente* werden in Word gespeicherte Dateien aufgeführt, mit denen zuletzt gearbeitet wurde. Mit Klick auf die Datei **Arbeitsplatzgestaltung – formlos** öffnet Finya den Text.

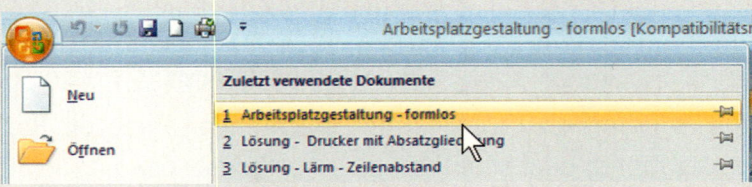

■ Wäre die Datei in der Liste *Zuletzt verwendete Dokumente* nicht aufgeführt, könnte Finya über den Ordner **Öffnen** den jeweiligen Speicherort auswählen und auf darin gespeicherte Dateien zugreifen. Mit Klick auf die Schaltfläche Öffnen wird die Datei geöffnet.

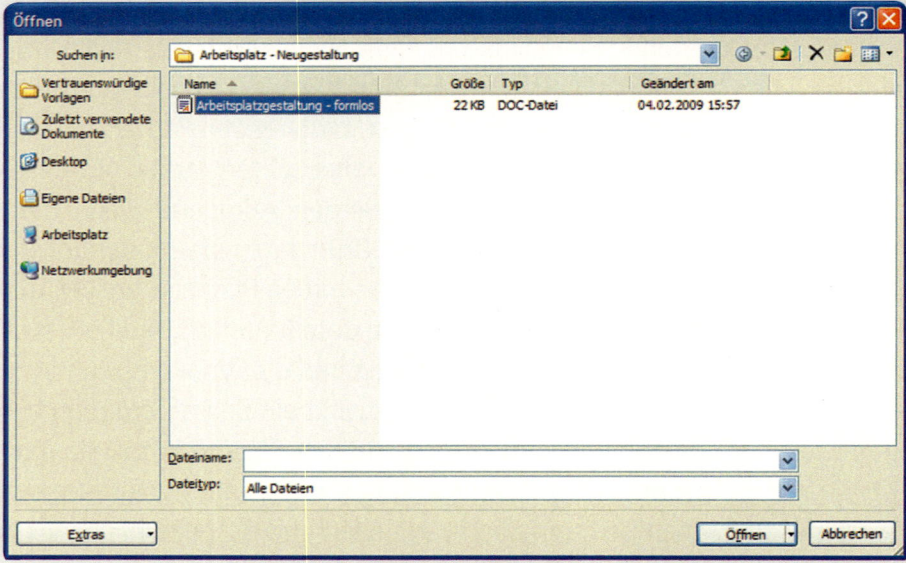

Situation 1 – Grundlagen

8.2 Was ist ein Absatz?

Finya weiß, dass ein Absatz durch das Absatzzeichen ¶ gekennzeichnet ist und mit der Return-Taste ⏎ erzeugt wird. Auch ist ihr bekannt, dass alle Formatierungen in diesem Absatzzeichen gespeichert werden. Außerdem wird ein Absatz mit einer Leerzeile (= zweimal schalten) vom vorherigen Absatz getrennt. Standardmäßig wird der Text linksbündig angeordnet und der rechte Rand ist ungleichmäßig, dies nennt man Flatterrand.

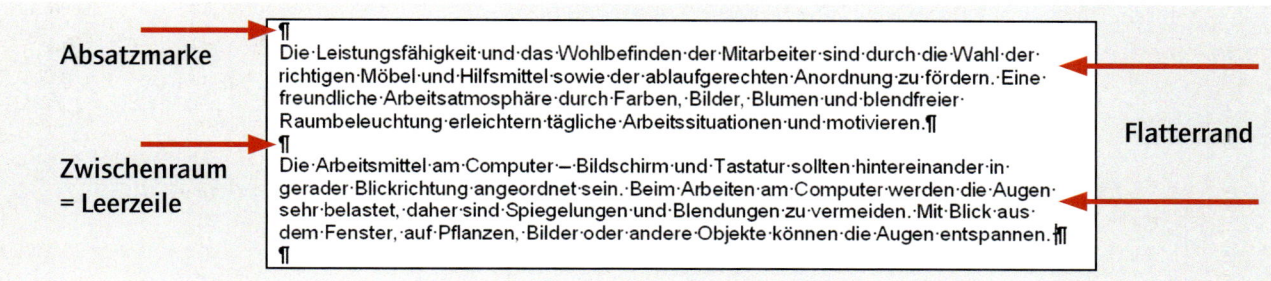

Wenn das Wort zu lang ist, um am Ende der Zeile noch Platz zu haben, nimmt Word automatisch das Wort in die nächste Zeile. Dadurch entsteht der Flatterrand.

8.3 Cursorsteuerung

Der Cursor ist der blinkende senkrechte Strich auf dem Bildschirm. Er zeigt an, wo man sich im Text befindet. Mit der Maus oder über die Cursor-Tasten kann der Cursor an eine beliebige Stelle im Text gesetzt werden, um Ergänzungen vorzunehmen, welche links vor dem Cursorzeichen eingefügt werden.

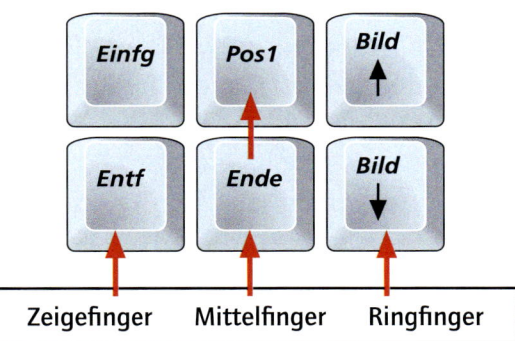

Die Cursor-Tasten – auch Pfeil-Tasten genannt – werden mit der rechten Hand gesteuert.

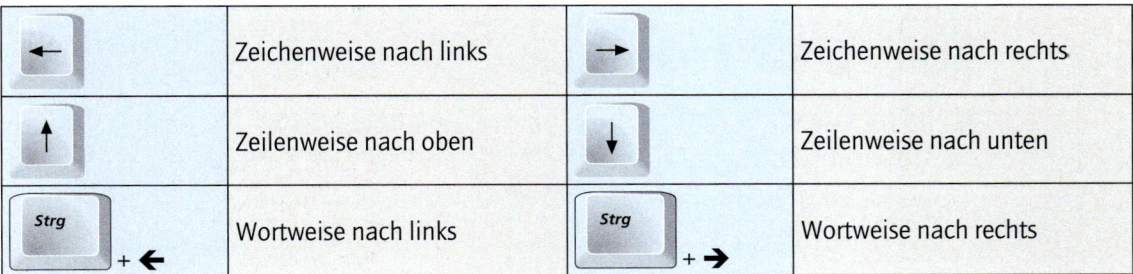

8.4 Textgestaltung

- Finya setzt den Cursor hinter die Überschrift und **schaltet dreimal**. Damit hebt sie die Überschrift mit zwei Leerzeilen vom Text ab. Die Bearbeitung des Textes will Finya sich mit der Cursorsteuerung erleichtern.

- Zunächst probiert Finya das Ansteuern der Zeichen und Wörter mit der Cursorsteuerung aus und gliedert dann den Text in Absätze wie folgt:
    → 1. Absatz nach ... **Betrieben zu berücksichtigen**.
    → 2. Absatz nach ... **motivieren**.
    → 3. Absatz nach ... **die Augen entspannen**.
    → 4. Absatz nach ... **Augen entlastet werden**.

- Den letzten Absatz des Textes ergänzt Finya mit dem nachstehenden Absatz über *Regeln für den Bildschirmarbeitsplatz*.

> Für den Bildschirmarbeitsplatz gelten die Regeln der Bildschirmarbeitsverordnung, BildscharbV, welche die allgemeinen Anforderungen des Arbeitsschutzgesetzes im Bereich der Bildschirmarbeit klar definiert.

- Zur Vervollständigung des Textes Arbeitsplatzgestaltung will Finya noch einen Absatz über das *Raumklima* hinzufügen. Diesen Absatz will sie vor dem letzten Absatz positionieren.

- Dazu setzt sie den Cursor auf das Absatzzeichen zwischen den beiden Absätzen, schaltet einmal und beginnt den Text zu schreiben.

> Mit einem guten Raumklima werden beispielsweise Erkältungskrankheiten, Ermüdungserscheinungen und Allergien vermieden. Die richtige Einstellung von Raumtemperatur, Luftfeuchtigkeit und Luftgeschwindigkeit spielen dabei eine entscheidende Rolle. Auch durch Pflanzen, welche Sauerstoff produzieren und Giftstoffe aufnehmen, kann das Raumklima entscheidend verbessert werden.

- Am Ende des hinzugefügten Absatzes schaltet sie erneut, um eine Leerzeile zum folgenden Absatz zu erzeugen.

- Den in Absätze gegliederten und ergänzten Text **speichert** Finya unter dem Dateinamen **Arbeitsplatzgestaltung – Absatzgliederung** im gleichen Ordner.

> Finya hat den Text in sinnvolle Absätze gegliedert, damit er einfacher zu lesen ist. Deutlich ist der rechte Rand als Flatterrand zu erkennen. Diesen Rand will sie später noch etwas ausgleichen. Auch die Überschrift, welche jetzt nur vom Text getrennt ist, möchte sie noch etwas hervorheben.

- Bevor Finya mit den Formatierungen beginnt, probiert sie weitere **rationelle Cursorsteuerungen** für die Textbearbeitung aus, die ihre Kollegin genannt hat. Danach will sie sich die Multifunktionsleiste etwas genauer ansehen.

Strg + ↑	Anfang des Absatzes nach oben	Strg + ↓	Ende des Absatzes nach unten
Pos 1	Anfang der Zeile	Ende	Ende der Zeile

Situation 1 – Grundlagen

9 Multifunktionsleiste

Die Multifunktionsleiste ist eine wichtige Veränderung in dem Programm Word 2007 und wird – falls nicht eingeblendet – mit Doppelklick auf der Registerkarte sichtbar.

Die Multifunktionsleiste besteht aus drei Breichen

→ Registerkarten
→ Gruppen
→ Befehle/Icon

Gruppen

Registerkarten

Launcher zum Öffnen für Dialogfenster

9.1 Registerkarten

Jede der **8 Registerkarten** enthält eine Multifunktionsleiste mit unterschiedlichen Befehlen. Die Registerkarten sind aufgabenorientiert angelegt. Um alle Schaltflächen der Multifunktionsleiste auf einen Blick zu sehen und um schnell Zugriff zu haben, kann diese mit Doppelklick auf den Namen der Registerkarte dauerhaft eingeblendet werden. Um mehr Platz zum Bearbeiten des Schriftstücks zu haben, kann sie mit Doppelklick wieder ausgeblendet werden.

9.2 Gruppen

Jede Registerkarte ist in mehrere **Gruppen** unterteilt. In jeder Gruppe sind alle verwandten Befehle zusammengefasst. Der Name der Gruppe wird am unteren Rand der Multifunktionsleiste angezeigt. So werden beispielsweise in der *Gruppe* **Schriftart** die am häufigsten verwendeten Formatierungsmöglichkeiten – wie **fett**, *kursiv*, unterstreichen, Schriftart und **Schriftgrad** – zur schnellen Formatierung bereitgestellt.

Zum schnellen Bearbeiten können Elemente der Multifunktionsleiste auch über die Tastatur aufgerufen werden. Durch Drücken der Alt-Taste werden die Buchstaben ein- und ausgeblendet. Jetzt kann die gewünschte Registerkarte mit dem jeweiligen Buchstaben aufgerufen werden.

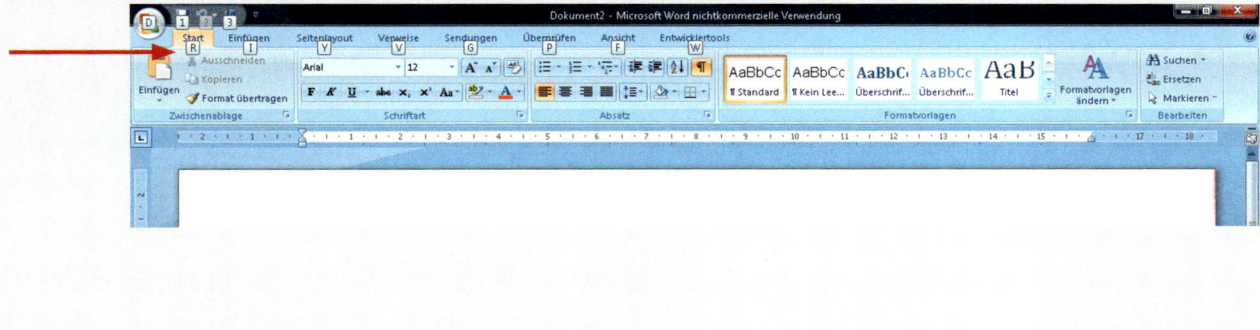

Rechts neben dem Gruppennamen befindet sich manchmal ein schräger Pfeil als Symbol – ein sogenannter **Launcher** – zum Starten eines **Dialogfeldes** mit weiteren Auswahlmöglichkeiten.

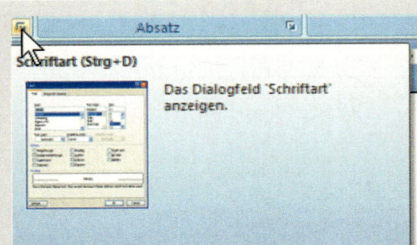

9.3 Befehle/Icons

Die **Befehle/Icons** in den einzelnen Gruppen führen den gewünschten Befehl aus oder zeigen ein Befehlsmenü mit weiteren Auswahlmöglichkeiten.

10 Textformatierung

Finya hat sich mit der Multifunktionsleiste etwas vertraut gemacht und entschließt sich, die Überschrift in einer anderen Schriftart, in einem größeren Schriftgrad und einer anderen Farbe darzustellen.

10.1 Markierungen, Schriftart, Schriftgrad, Schriftfarbe, Fettdruck

Für bestimmte Aufgaben in Word ist es notwendig, dass die betreffenden Textstellen markiert werden. Das Markieren kann mit der Maus oder mit der Tastatur erfolgen.

- Mit **Doppelklick** markiert Finya die Überschrift **Arbeitsplatzgestaltung** und klickt auf der *Registerkarte* **Start** den Listenpfeil neben der angegebenen Schriftart an.

- Aus dem sich öffnenden Pull-down-Menü entscheidet sie sich für eine Schrift in **Großbuchstaben**.

- Gleich neben der Schriftart befindet sich die Angabe über die Größe der Schriftart, den

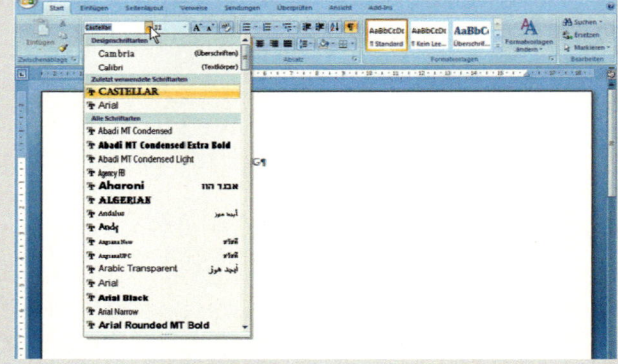

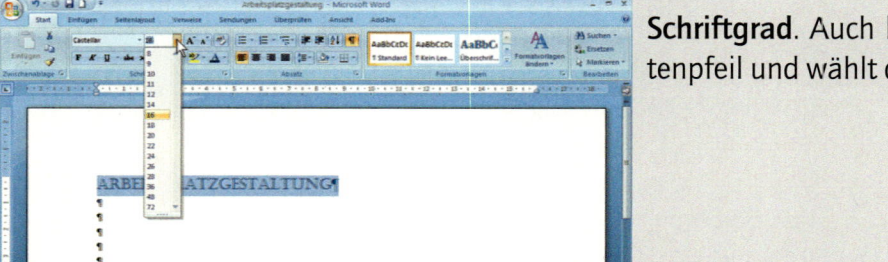

Schriftgrad. Auch hier klickt Finya auf den Listenpfeil und wählt den Schriftgrad **16** aus.

Situation 1 – Grundlagen

- Nun öffnet Finya den Listenpfeil neben der Schaltfläche mit dem Buchstaben und entscheidet sich für ein **Dunkelblau**.

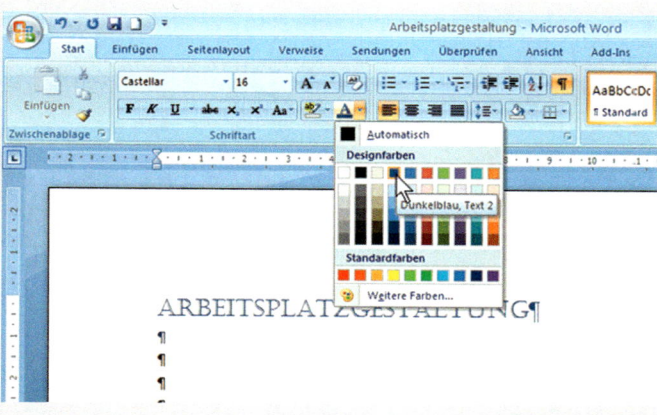

> Soll nur ein Wort formatiert werden, reicht es aus, den Cursor in das Wort zu stellen.

- Finya überlegt, dass es sinnvoll ist, in jedem Absatz den wichtigsten Punkt in Fettdruck darzustellen, um den Inhalt des Absatzes schneller erfassen zu können.

- Im ersten Absatz entscheidet sich Finya für die Textstelle **Veränderungen in der Arbeitswelt**. Sie setzt den Cursor vor den ersten Buchstaben, drückt die Shift-Taste und klickt hinter den letzten Buchstaben und hat somit den dazwischen liegenden Text markiert.

- Mit Klick auf das Icon **F** wird der markierte Text in **Fettdruck** dargestellt.

- Im zweiten Absatz entscheidet sich Finya für die Textstelle **Leistungsfähigkeit** und **Wohlbefinden**. Dazu markiert sie mit Doppelklick das erste Wort im zweiten Absatz und mit gedrückter Strg-Taste und einem Doppelklick auf das zweite Wort hat sie die beiden Wörter markiert.

- Wiederum klickt sie auf das Icon **F** und hat so beide Wörter gleichzeitig im **Fettdruck** formatiert.

Markierungen

Doppelklick	Wort markieren
Shift + Ende der Textstelle	Markierung zusammenhängender Text
Doppelklick auf einem Wort – Strg festhalten + Doppelklick auf weiteren Wörtern	Markieren von unterschiedlichen Textstellen

10.2 Format übertragen

Mit dem Werkzeug **Format übertragen** auf der *Registerkarte* Start in der *Gruppe* Zwischenablage lassen sich Formatierungen mit einem Pinselstrich einfach übertragen.

- Das Wort Arbeitsmittel im dritten Absatz markiert Finya, formatiert es in **Fettdruck** und hebt die Markierung nicht auf, da sie eine weitere schnelle Formatierung mit **Format übertragen** ausprobieren will.

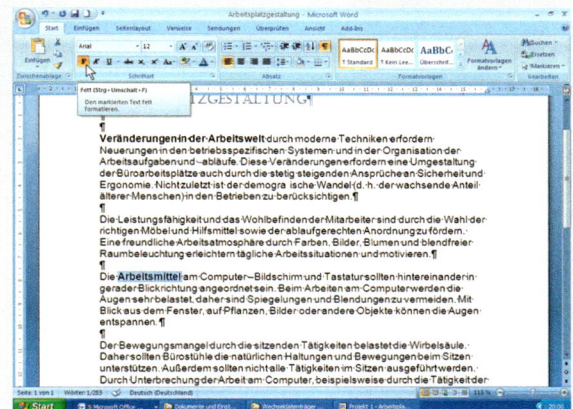

Situation 1 – Grundlagen

- Mit einem Doppelklick auf das Icon legt sie die Formatierung des markierten Wortes auf den Pinsel.

- Sobald Finya mit dem Cursor in das Dokument zeigt, verwandelt sich der Mauszeiger in einen senkrechten Strich mit Pinsel. Der Pinsel mit der Formatierung **Format übertragen** steht ihr jetzt so lange zur Verfügung, bis sie durch Anschlagen der Esc-Taste oder mit Klick auf den Pinsel die Funktion **Format übertragen** aufhebt.

- Mit dem Pinsel formatiert sie die ausgewählten Wörter in den nachfolgenden Absätzen.
    4. Absatz – **Bewegungsmangel**
    5. Absatz – **Gesetze** und **Verordnungen**
    6. Absatz – **Raumklima**

- Finya ist mit den Formatierungsergebnissen zufrieden und will zum Abschluss noch die Überschrift **fett** darstellen.

- Den formatierten Text speichert sie unter dem Dateinamen **Arbeitsplatzgestaltung – formatiert** im gleichen Ordner.

> Das Arbeiten mit dem Pinsel **Format übertragen** kann die Arbeit sehr erleichtern, weil alle Formatierungen (Schriftart, Schriftgröße, Schriftfarbe u. v. m.) mit einem Pinselstrich übertragen werden.

Aufgabe

- Finya öffnet zusätzlich zu ihrem geöffneten Dokument **Arbeitsplatzgestaltung – formatiert** die Datei **Feng Shui – formlos**. In der Taskleiste werden nun zwei geöffnete Dateien angezeigt. Durch Anklicken der Schaltfläche kann sie von einem Text zum anderen wechseln.

    - Sie gliedert den Text **Feng Shui – formlos** in sinnvolle Absätze. Der Überschrift weist sie die Schriftart **Verdana**, den Schriftgrad **16** und die Farbe **Blau** zu.

    - Die wichtigsten **Textstellen** markiert sie in **Fettdruck**.

    - Den veränderten Text speichert sie im gleichen Ordner unter dem Dateinamen **Feng Shui – formatiert** und schließt die Datei.

11 Rechtschreibprüfung

Mit der Rechtschreibprüfung vergleicht Word den eingegebenen Text Wort für Wort mit seinem Wörterbuch und prüft die orthografische Richtigkeit. Wörter, die mit der Schreibweise des Wörterbuches nicht identisch oder im Wörterbuch nicht vorhanden sind, werden mit einer roten Wellenlinie gekennzeichnet.

Obwohl beim Erfassen eines Textes häufig vorkommende Schreibfehler

(z. B. wrden = werden; awr = war)

bereits während der Eingabe durch die Funktion der AutoKorrektur automatisch berichtigt werden, ist die Rechtschreibprüfung eine sinnvolle Anwendung und sollte immer durchgeführt werden. An dem Text **Arbeitsplatzgestaltung – formatiert** will Finya die Rechtschreibprüfung ausprobieren.

■ Bevor Finya die Rechtschreibprüfung startet, stellt sie den Cursor an den Anfang des Textes.

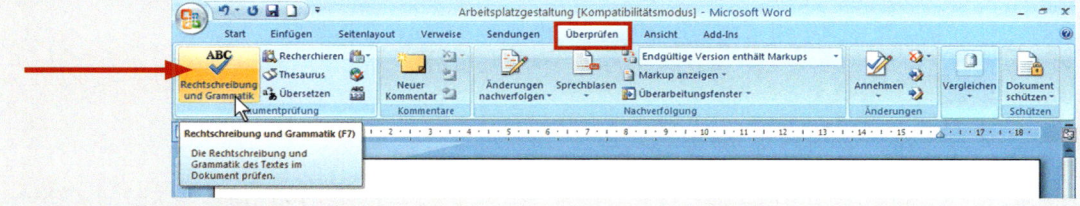

■ Finya klickt auf die *Registerkarte* Überprüfen und holt damit auch die Multifunktionsleiste mit vielfältigen Funktionen in den Vordergrund.

■ In der Multifunktionsleiste klickt Finya die Schaltfläche ABC Rechtschreibung und Grammatik an und sogleich wird ein Dialogfenster **Rechtschreibung und Grammatik: Deutsch (Deutschland)** geöffnet.

Das gefundene Wort wird unter **Nicht im Wörterbuch** in **Rot** dargestellt. Im unteren Teil des Fensters **Vorschläge**: stehen eventuell Wörter zur Auswahl. Ist das richtige Wort dabei, wird dieses durch Anklicken markiert und über die Schaltfläche **Ändern** im Text geändert.

Schaltfläche	Bedeutung
Einmal ignorieren	Das in Rot dargestellte Wort wird nicht geändert.
Alle ignorieren	Wenn das Wort mehrmals im Text vorkommt, wird es nicht mehr als falsch angezeigt.
Zum Wörterbuch hinzufügen	Wenn Begriffe öfters benutzt werden und nicht im Wörterbuch enthalten sind, ist es sinnvoll, diese dem Wörterbuch hinzuzufügen.
Ändern	Den Vorschlag annehmen.
Alle ändern	Die Änderung wird auf alle entsprechenden Wörter im Text angewendet.
AutoKorrektur	Mit diesem Befehl werden zu korrigierende Wörter gleichzeitig in die AutoKorrektur übernommen.

Um sicher zu gehen, dass keine weiteren Fehler im Text sind, liest Finya den Text noch einmal aufmerksam durch und stellt dabei fest, dass das Rechtschreibprogramm nicht alle Fehler finden kann.

Das Rechtschreibprogramm versagt insbesondere dann:

→ wenn durch einen Fehler ein sinnvolles anderes Wort entsteht;
  (vermeiden bzw. vermieden; steigen bzw. stiegen)

→ auch kann es oft nicht zwischen Groß- und Kleinschreibung
  (sie bzw. Sie; sitzen bzw. beim Sitzen) unterscheiden.

12 Silbentrennung

Mithilfe der Silbentrennung kann der rechte Rand des Textes (Flatterrand) ausgeglichen werden. Dadurch wirkt der Text ausgewogen, außerdem sind beispielsweise bei Anwendung der Formatierung Blocksatz die Zwischenräume nicht so groß.

Keine Trennungen am Zeilenende durch Verwendung des Mittestrichs erzwingen.

→ Wird der Text später verändert, steht das Wort häufig nicht mehr am Zeilenende.

→ Der Mittestrich bleibt erhalten und wird mitten im Wort stehend auch gedruckt.

→ Standardmäßig werden manuelle Trennzeichen weich oder bedingt genannt und werden durch einen Abwärtsstrich (¬) dargestellt. Dieses Trennzeichen wird – auch wenn es mitten im Wort steht – <u>nicht</u> gedruckt.

Die **Automatische Silbentrennung** will Finya nicht benutzen, denn sie weiß aus Gesprächen mit ihrer Kollegin, dass dadurch

→ Trennungsfehler und unschöne Trennungen, die das Lesen erschweren, entstehen,

→ Namen oder Bezeichnungen getrennt werden,

→ Trennungen an ungeeigneter Stelle stattfinden.

Urinstinkt = Urin-stinkt; Spargelder = Spargel-der

■ Finya prüft, ob der Cursor am Anfang des Textes steht, und klickt auf die *Registerkarte Seitenlayout*.

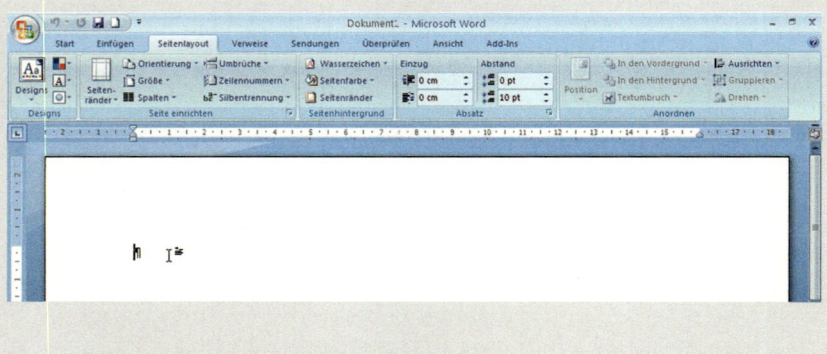

Situation 1 – Grundlagen

- In der *Gruppe* Seite einrichten öffnet sie den Listenpfeil neben dem Befehl **Silbentrennung**.

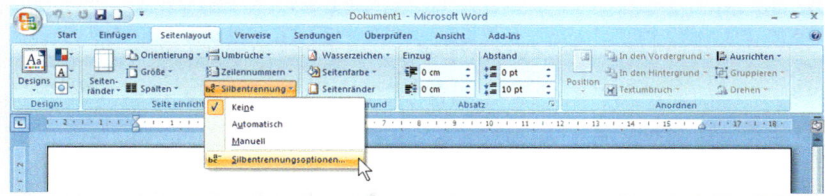

- Für die Silbentrennung werden ihr vier Möglichkeiten zur Auswahl in dem Pull-down-Menü angeboten:

Keine	Automatische Silbentrennung ist ausgeschaltet.
Automatisch	Silbentrennung wird automatisch mit der Silbentrennzone 0,75 cm durchgeführt.
Manuell	Trennungsvorschläge werden – mit Bindestrichen markiert – angeboten und können angenommen, abgelehnt oder verändert werden. Mit der Schaltfläche Abbrechen wird der Trenndurchlauf beendet.
Silbentrennungsoptionen...	Dialogfenster Silbentrennung wird geöffnet und die Silbentrennzone kann bis auf 0,25 cm verändert werden. Mit der Schaltfläche Manuell kann auf die Trennung Einfluss genommen werden.

- Finya möchte einen ausgeglichenen rechten Seitenrand haben und entscheidet sich daher für den Befehl **Silbentrennungsoptionen**... und öffnet mit der Befehlswahl das Dialogfenster Silbentrennung.

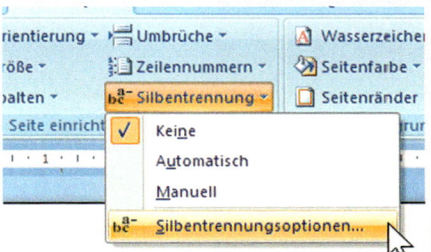

- Sie verändert die Silbentrennzone mit dem Listenpfeil nach unten auf 0,25 cm und klickt auf die Schaltfläche Manuell....

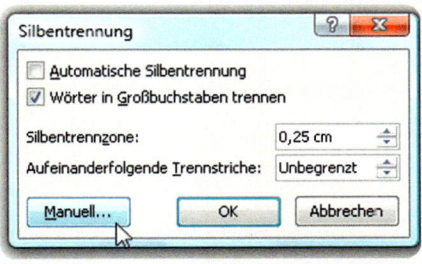

- Sogleich wird Finya in einem weiteren Fenster ein Trennvorschlag angeboten. Sie prüft den Trennvorschlag, ob sie diesen mit Ja annimmt oder sich für eine besser lesbare Trennung entscheidet.

Die senkrecht gepunktete Linie weist auf das Zeilenende hin, sodass die nachfolgende Trennstelle nicht benutzt werden kann.

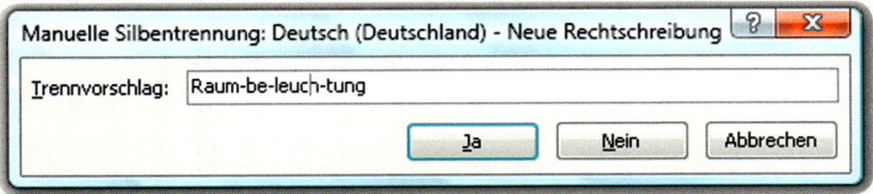

- Finya entscheidet sich für die Trennstelle nach **Raum-**, klickt die Stelle mit dem Cursor an und bestätigt mit Ja.

Situation 1 – Grundlagen

- Das Programm sucht sich die nächste Trennstelle. Finya entscheidet sich bei jedem Vorschlag erneut und führt die Silbentrennung bis zum Ende des Textes durch.

- Den so bearbeiteten Text speichert Finya erneut über das Symbol **Speichern** in der Schnellstartleiste.

> Wenn im Text nur ein Wort nachträglich getrennt werden soll, kann diese Trennung mit der Tastenkombination für den manuellen Silbentrennungsstrich Strg + – (¬) durchgeführt werden.

13 Schnelldruck

> Finya ist mit der Gestaltung des Textes sehr zufrieden. Der Text sieht ansprechend aus und ist übersichtlich gegliedert. Nun will sie diesen drucken und mit ihrer Kollegin noch einmal besprechen.

- Zum Drucken klickt Finya auf die Schaltfläche **Office**, wählt den Befehl **Drucken** und entscheidet sich in der rechten Spalte für den Schnelldruck. Mit diesem Befehl wird das Dokument ohne weitere Nachfrage an den Standarddrucker gesendet und gedruckt.

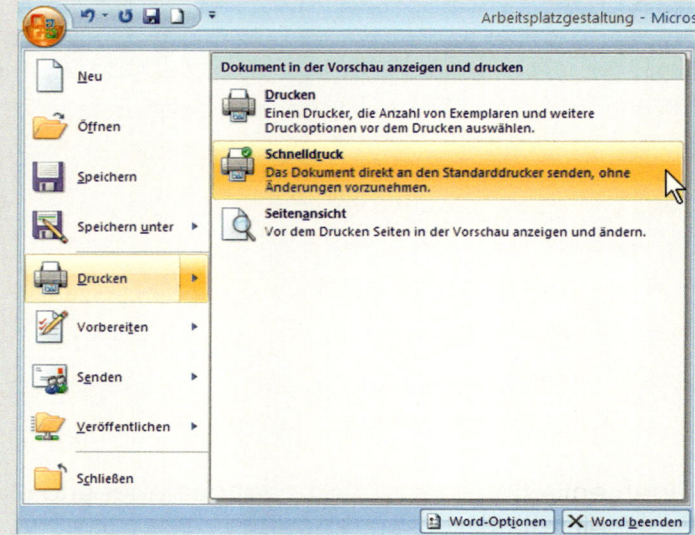

Aufgabe
- Die **Rechtschreibprüfung** und die manuelle **Silbentrennung** möchte Finya auch im Text über Feng Shui anwenden.

- Nach der Durchführung **speichert** sie erneut unter dem gleichen Dateinamen und druckt den Text mit **Schnelldruck** aus.

LÖSUNG

SPORTLINE KG – Neugestaltung der Büroarbeitsplätze
Finya, heutiges Datum

ARBEITSPLATZGESTALTUNG

Veränderungen in der Arbeitswelt durch moderne Techniken erfordern Neuerungen in den betriebsspezifischen Systemen und in der Organisation der Arbeitsaufgaben und -abläufe. Diese Veränderungen erfordern eine Umgestaltung der Büroarbeitsplätze auch durch die stetig steigenden Ansprüche an Sicherheit und Ergonomie. Nicht zuletzt ist der demografische Wandel (d. h. der wachsende Anteil älterer Menschen) in den Betrieben zu berücksichtigen.

Die **Leistungsfähigkeit** und das **Wohlbefinden** der Mitarbeiter sind durch die Wahl der richtigen Möbel und Hilfsmittel sowie der ablaufgerechten Anordnung zu fördern. Eine freundliche Arbeitsatmosphäre durch Farben, Bilder, Blumen und blendfreier Raumbeleuchtung erleichtern tägliche Arbeitssituationen und motivieren.

Die **Arbeitsmittel** am Computer – Bildschirm und Tastatur sollten hintereinander in gerader Blickrichtung angeordnet sein. Beim Arbeiten am Computer werden die Augen sehr belastet, daher sind Spiegelungen und Blendungen zu vermeiden. Mit Blick aus dem Fenster, auf Pflanzen, Bilder oder andere Objekte können die Augen entspannen.

Der **Bewegungsmangel** durch die sitzenden Tätigkeiten belastet die Wirbelsäule. Daher sollten Bürostühle die natürlichen Haltungen und Bewegungen beim Sitzen unterstützen. Außerdem sollten nicht alle Tätigkeiten im Sitzen ausgeführt werden. Durch Unterbrechung der Arbeit am Computer, beispielsweise durch die Tätigkeit der Ablage, das Heraussuchen von Unterlagen, im Stehen telefonieren usw., können Rücken und Augen entlastet werden. Sehr gut geeignet und entlastend sind auch Stehpulte, wenn es die Arbeit zulässt.

Mit einem guten **Raumklima** werden beispielsweise Erkältungskrankheiten, Ermüdungserscheinungen und Allergien vermieden. Die richtige Einstellung von Raumtemperatur, Luftfeuchtigkeit und Luftgeschwindigkeit spielen dabei eine entscheidende Rolle. Auch durch Pflanzen, welche Sauerstoff produzieren und Giftstoffe aufnehmen, kann das Raumklima entscheidend verbessert werden.

Gesetze und Verordnungen regeln die grundlegenden Aufgaben und die Organisation des Arbeits- und Gesundheitsschutzes im Betrieb. Für den Bildschirmarbeitsplatz gelten die Regeln der **Bildschirmarbeitsverordnung**, BildscharbV, welche die allgemeinen Anforderungen des Arbeitsschutzgesetzes im Bereich der Bildschirmarbeit klar definiert.

LÖSUNG

SPORTLINE KG – Neugestaltung der Büroarbeitsplätze
Finya, heutiges Datum

FENG SHUI AM ARBEITSPLATZ

Feng Shui fördert die Harmonie und die **Lebensqualität** – auch am Arbeitsplatz. Diese chinesische Kunst bedeutet Wind und Wasser und greift auf uralte Erfahrungen und Beobachtungen der Natur zurück. Arbeitsplätze lassen sich mithilfe von Feng Shui so gestalten, dass der Energiefluss nicht gestört wird, was sich wiederum auf die Motivation, die Konzentration und Leistungskapazität auswirkt.

Dabei spielen u. a. **Farben**, **Pflanzen** und die **Anordnung** der **Möbel** eine entscheidende Rolle, wenngleich die Umsetzung von Feng Shui in einem Büro nicht immer einfach ist und dennoch mit wenigen Mitteln gelingen kann. So kann auch in einem großen Raum eine persönliche Arbeitsecke eingerichtet werden, und zwar beispielsweise durch einen Vorhang, eine persönliche Wandfarbe, eine nach unten leuchtende Lampe, ein Regal, welches den Raum etwas abtrennt oder eine Pflanze.

Der **Arbeitstisch** sollte so aufgestellt sein, dass der eigene Körper durch das einfallende Licht keinen Schatten wirft. Das Licht sollte für Rechtshänder von vorne links, für den Linkshänder von vorne rechts kommen.

Auf die Wahl des richtigen **Lichtes** ist besonders zu achten; denn Licht ist für den menschlichen Organismus, aber auch für Pflanzen sehr wichtig, darf aber nicht blenden. Am besten eignet sich Tageslicht, welches einer künstlichen Beleuchtung vorzuziehen ist. Ein Defizit an Licht kann mit Spiegeln und Farben ausgeglichen werden.

Farben motivieren und stimulieren. So kann mit einer neuen Wandfarbe eine positive Arbeitsatmosphäre geschaffen werden, wobei ein Übermaß an stimulierenden Farben zu Hektik, Nervosität und Konzentrationsschwäche führen kann. Daher sollten Farben, Vorhänge oder Accessoires je nach Arbeitsbereich gewählt werden. Anregend wirken die Farben Orange, Gelb oder Rot. Die Farben Blau und Grün haben beruhigenden Einfluss.

Einen sehr guten Einfluss auf die **Arbeitsatmosphäre** haben Pflanzen, welche gepflegt gute Energiespender sind und gleichzeitig für eine gute Raumluft und Luftfeuchtigkeit sorgen. Wichtig sind die Auswahl der Pflanzen und die Wahl des Standortes. Gute Energiespender sind auch Wasserobjekte. So wirkt ein Zimmerbrunnen beruhigend und beugt Stress vor. Gleichzeitig sorgt er für ein angenehmes Raumklima.

Werden die Regeln nach Feng Shui schon bei der **Planung** und **Gestaltung** von Arbeitsplätzen berücksichtigt, können Disharmonien vermieden und die persönliche Vitalität und Arbeitsfreude gesteigert werden.

Aufgabe Finya hat mit den beiden Texten Arbeitsplatzgestaltung und Feng Shui viel über die Anwendungsmöglichkeiten des Textverarbeitungsprogramms gelernt. Sie weiß nun, worauf sie bei der Texterfassung achten muss, und kennt schon eine Reihe von Formatierungsmöglichkeiten.

Für die bevorstehende Besprechung wird Finya noch mehrere Texte zusammentragen, daher erstellt sie einen Ablauf über das, was dabei zu beachten ist.

Ablauf für die Erfassung und die Gestaltung von Texten:

1.	Leeres Dokument öffnen	8.	Text in Absätze gliedern
2.	Überschrift schreiben	9.	Formatieren
3.	Speicherort festlegen	10.	Rechtschreibprüfung
4.	Dateiname bestimmen	11.	Silbentrennung
5.	Dateityp wählen	12.	Text speichern
6.	Text erfassen	13.	Drucken
7.	Speichern		

Shortcut

Strg + A	Gesamtes Dokument markieren
Strg + C	Markierter Text kopieren
Strg + V	Kopierter Text einfügen
Strg + X	Markierten Text ausschneiden
Strg + Z	Befehl rückgängig machen
Strg + Shift + Finya	Fettdruck
Strg + Shift + Return	Spaltenwechsel
Strg * Return	Manueller Seitenwechsel
Shift + Return	Zeilenumbruch
Strg + 1	Einzeiliger Zeilenabstand
Strg + 5	1 ½-facher Zeilenabstand
Strg + 2	Doppelter Zeilenabstand
Strg + 0	Zeilenabstand vor: 12 pt

Das lernen Sie in der Situation 2

Text: Monitor

Text: Klima im Büro

→ Text markieren
→ Zeichenformatierungen – fett, kursiv, unterstreichen über die Icons
→ Text in die Zwischenablage kopieren
→ Text aus der Zwischenablage einfügen
→ Text unter Verwendung von Shortcuts schreiben
→ Umstellen von Wörtern und Absätzen
→ Befehle rückgängig machen und wiederholen
→ Bildschirmansichten
→ Ansichten und Zoom verwenden
→ Zeichenformatierung über das Dialogfeld ausführen
→ Drucken über das Dialogfeld
→ Autorenkorrekturen durchführen
→ Ausschneiden und Einfügen von Textstellen mit Shortcuts
→ Seite einrichten
→ Weitere Markierungen
→ Schriftarten unterscheiden

14 Situation 2

> Finya hat sich die Prioritätenliste der Mitarbeiterumfrage angeschaut und Recherchen über die Anforderungen an Monitore durchgeführt.
>
> Nun will sie die Ergebnisse zusammenfassen und den Text als Fließtext in ein neues Dokument eingeben. Sie verwendet den gleichen Beginn wie bei der Erfassung der Texte „Arbeitsplatzgestaltung" und „Feng Shui am Arbeitsplatz".

14.1 Markierungen, Formatierungen

- Finya schreibt die Überschrift **Monitor**, schaltet **zweimal**. Den Text speichert sie unter dem Dateinamen **Monitor – formlos**.

- Während des Erfassens des Textes will sie zur besseren Übersicht sofort Absätze einfügen.

- Bevor sie mit dem Schreiben beginnt, verwendet sie den Shortcut `Strg` + **0** (die Null der Ziffernreihe) und erkennt, dass vor ihrem letzten Returnzeichen eine Zeile Abstand nach vorne hergestellt wird.

- Bei der weiteren Texteingabe braucht sie nur noch einmal statt zweimal zu schalten, um einen Abstand zum vorherigen Absatz zu erzeugen.

> Monitor
>
> Bildschirmarbeit beansprucht die Augen in hohem Maße; daher muss der Bildschirm als visuelle Schnittstelle den ergonomischen Anforderungen entsprechen.
>
> Die dargestellten Zeichen müssen scharf, deutlich und ausreichend groß sein. Die Arbeitsmediziner sprechen von der Positiv-Darstellung, dies bedeutet, dass – wie z. B. bei Büchern und Zeitungen – dunkle Zeichen vor hellem Hintergrund stehen.
>
> Bildschirme dürfen nicht blenden. Die Blendfreiheit kann bei ausgeschaltetem Monitor geprüft werden: Hält man ein weißes Blatt Papier zwei Meter vom Bildschirm entfernt, darf sich das Papier im Bildschirmglas nicht spiegeln.
>
> Bildschirme sollen frei von störenden Spiegelungen sein, sodass bei ungünstigen Lichtverhältnissen oder künstlicher Beleuchtung bewegliche Blenden seitlich und oberhalb des Bildschirmes angebracht werden sollten.
>
> Der Bildschirm sollte so angeordnet sein, dass das Licht von der Seite kommt. Auf keinen Fall soll der Apparat mit der Rückseite zum Fenster stehen, da das Sonnenlicht den Benutzer blenden würde.
>
> Das auf dem Bildschirm dargestellte Bild muss stabil und frei von Flimmern und Verzerrungen sein. Arbeitsmediziner empfehlen einen Bildaufbau von 90 bis 110

Situation 2 – Grundlagen

> Bildern pro Sekunde. Der Bildschirm sollte möglichst „aus der Ferne betrachtet" werden; aktuelle Forschungsergebnisse schlagen einen Abstand von 1 m vor.
>
> Eine entspannte Kopfhaltung wird bei einer waagerecht abgesenkten Blicklinie erreicht, also muss man den Bildschirm leicht drehen und neigen können.

> Nach der Eingabe des Textes **speichert** Finya erneut unter demselben Dateinamen und verwendet die **Rechtschreibprüfung**. Um sicher zu gehen, dass der Text fehlerfrei ist, liest sie noch einmal Korrektur und stellt fest, dass sie den Text etwas verändern und umstellen möchte.

- Zunächst formatiert sie die Überschrift in der Schriftart **Tahoma**, im Schriftgrad **16 pt** und in einem **dunklen Grün**.

- Die Wörter **visuelle Schnittstelle** im ersten Absatz formatiert sie **fett** und **kursiv** über die beiden Icons der *Gruppe Schriftart*.

- Im zweiten Absatz hebt sie den Begriff **Positiv-Darstellung** hervor, indem sie ihn ebenfalls **fett** darstellt und zusätzlich mit dem dritten Icon **unterstreicht**.

- Dabei schaut sie sich mithilfe des Listenpfeils an, welche Unterstreichungsmöglichkeiten das Programm außerdem bietet.

- Sie liest bei den Regeln der DIN 5008 (Schreib- und Gestaltungsregeln für die Textverarbeitung) nach, dass beim Unterstreichen eines Wortes auch das dazugehörige Satzzeichen unterstrichen wird, das Leerzeichen danach jedoch nicht.

14.2 Umstellen von Wörtern mithilfe der Zwischenablage

- Nun möchte Finya im zweiten Absatz die Reihenfolge der Wörter **bei Büchern und Zeitungen** ändern in:

  bei Zeitungen und Büchern.

- Dazu markiert sie das Wort **Büchern** und schneidet es mithilfe der **Schere** in der *Gruppe Zwischenablage* aus.

- Das Gleiche macht sie mit dem Wort **Zeitungen**.

- Durch Anklicken des **Launchers** lässt sie sich die Elemente in der Zwischenablage anzeigen.

- Finya weiß, dass Wörter immer vor die Cursorposition eingefügt werden und setzt daher den Cursor an die richtige Stelle. Mit einem Klick auf das Wort **Büchern** in der Zwischenablage fügt sie das Element ein. Das Gleiche macht sie mit dem Wort **Zeitungen**.

- Sie sieht, dass es möglich ist, insgesamt 24 verschiedene Elemente, d. h. Texte, Grafiken, Bilder usw. in der Zwischenablage aufzubewahren und an anderer Position einzufügen.

Finya erfährt von ihrer Kollegin, dass die Elemente so lange in der Zwischenablage bleiben, bis der Arbeitsspeicher beim Herunterfahren des Computers geleert wird.

Dass die Zwischenablage auch programmübergreifend benutzt werden kann, findet sie spannend und wird es demnächst einmal ausprobieren.

> Das **Ausschneiden** ist auch mit dem Shortcut Strg + X, das **Einfügen** mit dem Shortcut Strg + V möglich.

14.3 Umstellen von Absätzen mithilfe der Zwischenablage

> Finya möchte nun an der Reihenfolge der Absätze etwas ändern und dazu ebenfalls die Zwischenablage verwenden.

Während des gemeinsamen Arbeitens hat ihre Kollegin einige Markierungsmöglichkeiten genannt, die Finya bei der Bearbeitung des Textes ausprobiert.

Der Bereich zwischen linkem Textbeginn und Seitenrand wird als Markierungsleiste bezeichnet. Sobald Finya mit dem Cursor in diese Markierungsleiste zeigt, verwandelt sich der Cursor in einen nach rechts zeigenden Pfeil.

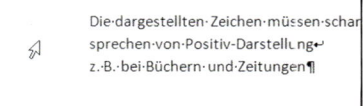

Einfacher Mausklick	Zeilenmarkierung
Doppelter Mausklick	Absatzmarkierung
Dreifacher Mausklick	Textmarkierung

> Für den ganzen Text kennt Finya eine schnellere Markierungsmöglichkeit mit dem Shortcut Strg + A.

- Finya schneidet den *6. Absatz* **Das auf dem Bildschirm dargestellte Bild ...** aus und fügt ihn als *3. Absatz* wieder ein.

- Der ursprünglich *4. Absatz* **Bildschirme sollen frei von ...** wird vor den Absatz **Bildschirme dürfen nicht blenden ...** positioniert.

> Finya erkennt den Vorteil, dass durch den Shortcut Strg + 0 die Absätze beim Verschieben den korrekten einzeiligen Abstand nach vorne beibehalten.

14.4 Befehle rückgängig machen und wiederholen

■ Finya möchte den letzten Absatz löschen. Sie markiert ihn und verwendet die Taste Entf. Mit einem Blick in die noch geöffnete Zwischenablage sieht Finya, dass dieser Text nicht in der Zwischenablage aufgelistet ist. Über das Icon Rückgängig 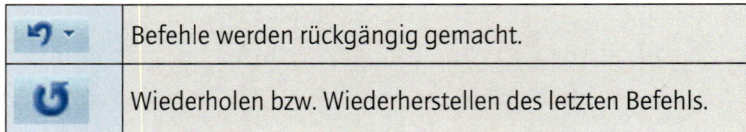 der Schnellstartleiste oder mit dem Shortcut Strg + Z kann der Absatz wieder eingefügt werden.

↶ ▼	Befehle werden rückgängig gemacht.
↷	Wiederholen bzw. Wiederherstellen des letzten Befehls.

■ Damit die durchgeführten Änderungen nicht verloren gehen, **speichert** Finya den Text unter dem Dateinamen **Monitor – formatiert**.

15 Seitenansicht

Vor dem Drucken des Textes **Monitor – formatiert** möchte Finya sehen, wie der Text als Ganzes wirkt und ob er eindrucksvoll formatiert ist.

Sie hat sich bisher mit den Bildschirmansichten in der Statuszeile vertraut gemacht und in der Ansicht Seitenlayout ihre Texte erfasst.

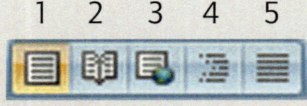

① Seitenlayout	Der Text wird im Bildschirmbereich so angezeigt, wie er gedruckt wird. Die Seitenränder sind sichtbar.
② Vollbild-Lesemodus	Die ganze Seite des Dokuments wird gezeigt wie sie gedruckt wird. Dabei werden jedoch die anderen Bildschirmbereiche ausgeblendet.
③ Weblayout	Zum Erstellen von Webseiten.
④ Gliederung	Zum Erstellen von Texten mit mehreren Gliederungsebenen.
⑤ Entwurfsansicht	Zum schnelleren Bearbeiten des Textes.

Diese Bildschirmansichten befinden sich auch auf der *Registerkarte* Ansicht in der *Gruppe* Dokumentansichten.

Situation 2 – Grundlagen

- Finya schaut sich die *Gruppe* Zoom auf der *Registerkarte* Ansicht genauer an:

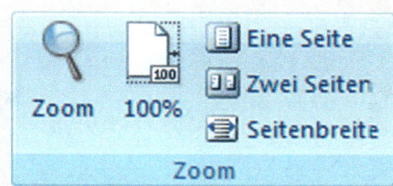

Schaltfläche	Bedeutung
Eine Seite	Zeigt die gesamte Seite im Bildschirm.
Zwei Seiten	Stellt zwei Seiten im Bildschirm nebeneinander.
Seitenbreite	Zoomt die Seite auf Bildschirmbreite, sodass der gesamte Bildschirm ausgenutzt wird.
Zoom	Öffnet das Dialogfeld, um den Zoommodus genauer anzugeben.

- Finya klickt auf das Icon **Zoom** und öffnet damit das gleichnamige *Dialogfeld*.

- Sie probiert die verschiedenen Optionen aus und beobachtet die Darstellungen in der Vorschau.

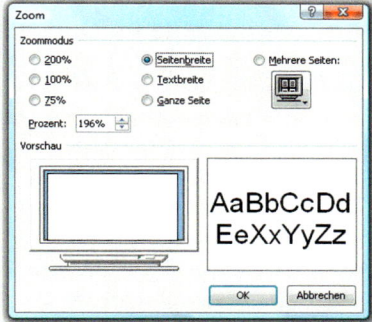
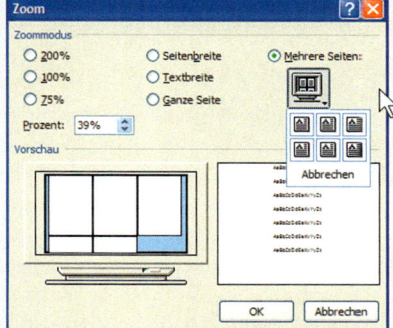

- Bei der Option **Mehrere Seiten** kann Finya über den Listenpfeil wählen, wie viele Seiten neben- oder untereinander im Bildschirm angezeigt werden.

- Mit einem Klick auf die Schaltfläche **OK** wird die Anzahl der Seiten auf dem Monitor angezeigt.

Finya entscheidet sich dafür, die Seitenansicht auf die Symbolleiste für den Schnellzugriff zu legen, damit sie mit einem Klick auf das Symbol die ganze Seite sehen kann.

- Finya klickt auf die Schaltfläche [Office] und wählt die Schaltfläche [Word-Optionen].

- Über den Befehl **Anpassen** werden ihr häufig verwendete Befehle aufgelistet. Sie sucht den Befehl **Seitenansicht** und markiert ihn.

- Mit Klick auf die Schaltfläche [Hinzufügen] erscheint der Befehl auf der rechten Seite des Dialogfeldes. Zwei Pfeile erlauben eine Veränderung der Reihenfolge der Symbole.

- Finya bestätigt die Anpassung der Symbolleiste für den Schnellzugriff mit **OK**.

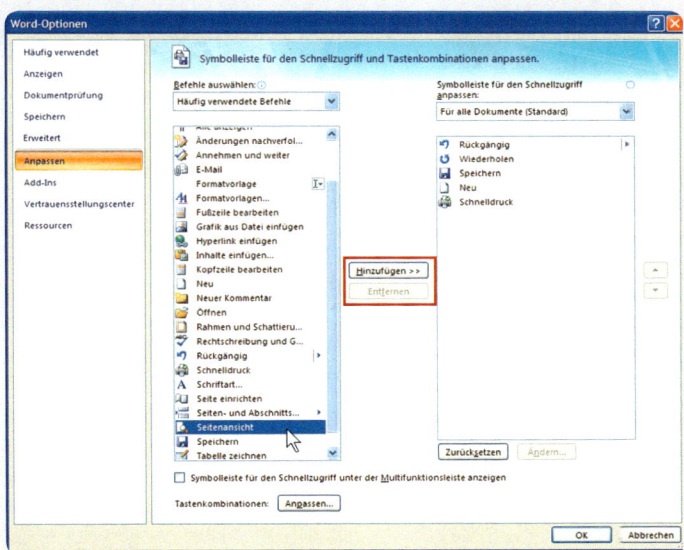

> Eine schnelle Möglichkeit, ein Symbol der Symbolleiste für den Schnellzugriff hinzufügen, bietet der Klick mit der rechten Maustaste auf dem Symbol.

Situation 2 – Grundlagen

- Finya probiert das neue Icon auf der Symbolleiste für den Schnellzugriff aus, indem sie es anklickt. Der geöffnete Text erscheint als ganze A4-Seite und der Mauszeiger hat sich in die Ansicht einer Lupe verwandelt.

- Außerdem erscheint die *Registerkarte* Seitenansicht, die die *Gruppe* Vorschau beinhaltet.

- Finya klickt mit dem Mauszeiger **Lupe** auf eine beliebige Stelle im Text; der Textbereich wird größer dargestellt. Bei einem weiteren Klick wird wieder die ganze Seite angezeigt.

- Sie deaktiviert das Kontrollkästchen **Lupe** in der *Gruppe* Vorschau und erkennt, dass der Mauszeiger seine normale Form annimmt, sodass sie sogar in der Seitenansicht Text verändern kann.

- Mit einem Klick auf das Kreuz des Icons **Druckvorschau schließen** kehrt sie zur Seitenlayout-Ansicht ihres Dokumentes zurück.

- Den Text speichert Finya erneut unter dem Namen **Monitor – formatiert**.

- Über das Symbol **Schnelldruck** in der Symbolleiste für den Schnellzugriff druckt Finya den Text **einmal** aus.

> Beim Ansehen des Ausdrucks stellt Finya fest, dass auch bei diesem Text die wesentlichen Punkte des Inhaltes besser visualisiert werden könnten. Da sie die Icons für die Zeichenformatierungen bereits kennt, will sie sich nun das Dialogfeld näher ansehen.

16 Zeichenformatierung

- Auf der *Registerkarte* Start in der *Gruppe* Schriftart öffnet sie das Dialogfeld Schriftart über den **Launcher**.

- Finya erkennt, dass das Dialogfeld eine gute Alternative zu den bisher benutzten Icons bietet und Formatierungsmöglichkeiten enthält, die bisher nicht verfügbar waren.

- Sie sieht, dass sie mehrere Zeichenformatierungen auf einmal zuweisen kann und diese Formatierungen in der **Vorschau** sichtbar sind.

- In dem Bereich **Effekte** werden zahlreiche Möglichkeiten angeboten. Diese findet sie interessant und sieht sich einige in der Vorschau an.

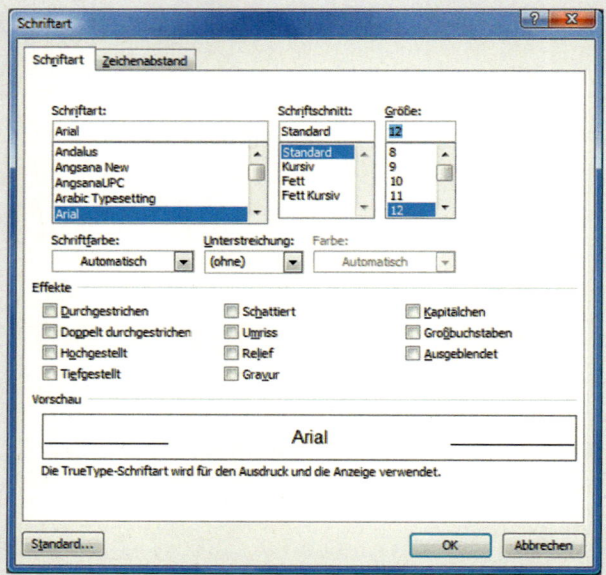

- Finya weiß, dass bei der Formatierung mehrerer Wörter das vorherige Markieren notwendig ist. Daher schließt sie das Dialogfeld und **markiert die wichtigsten Begriffe in allen Absätzen** des Textes Monitor.

- Erneut öffnet sie das Dialogfeld Schriftart und weist den markierten Textstellen eine andere **Schriftart, Schriftfarbe** und den Schriftschnitt **fett** zu. Dabei beachtet sie den Grundsatz „weniger ist mehr".

- Die vorgenommenen Formatierungen bestätigt sie mit **OK** und schaut sich die Wirkung der Formatierungen in der **Seitenansicht** an. Den Text speichert sie erneut.

17 Drucken

Zur Vorbereitung der nächsten Gesprächsrunde möchte Finya mehrere Seiten des Textes drucken. Daher wählt sie nicht den Weg über den Schnelldruck, sondern über die Schaltfläche Office den Befehl **Drucken** und dann in der rechten Spalte den weiteren Befehl **Drucken**.

Sie schaut sich das geöffnete Dialogfeld genau an:

- Finya stellt bei der Eingabefläche **Name:** durch Anklicken des Listenpfeils den richtigen Druckertreiber ein.

- Die Zahl 1 bei **Anzahl Exemplare:** überschreibt sie mit der Zahl **4**.

- Die Option, **Seiten selektiv** zu drucken, liest Finya aufmerksam durch, um sie bei Bedarf verwenden zu können.

- Sie schlägt die Listenpfeile der anderen Schaltflächen auf, um die Auswahlmöglichkeiten kennenzulernen.

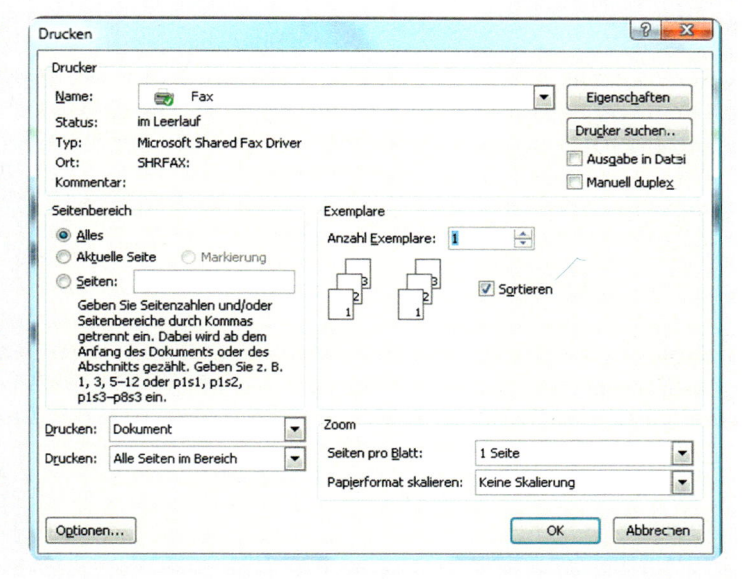

- Die Einstellung, **4 Exemplare** des Dokumentes zu drucken, bestätigt sie mit **OK**.

Die Optionen **Aktuelle Seite** und **Markierung** lässt Finya sich von ihrer Kollegin erklären:

- Sie erfährt, dass beim Drucken von mehrseitigen Texten nur die Seite gedruckt wird, auf der sich der Cursor befindet.

- Die Option **Markierung** ist nur dann aktiv, wenn Text markiert wurde und nur dieser Textteil gedruckt werden soll.

LÖSUNG

SPORTLINE KG – Monitor
Finya, heutiges Datum

Monitor

Bildschirmarbeit beansprucht die Augen in hohem Maße; daher muss der Bildschirm als *visuelle Schnittstelle* den hohen ergonomischen Anforderungen entsprechen.

Die dargestellten **Zeichen** müssen **scharf, deutlich** und **ausreichend groß** sein. Die Arbeitsmediziner sprechen von der **Positiv-Darstellung,** dies bedeutet, dass – wie z. B. bei Büchern und Zeitungen – dunkle Zeichen vor hellem Hintergrund stehen.

Das auf dem Bildschirm dargestellte **Bild** muss **stabil** und frei von Flimmern und Verzerrungen sein. Arbeitsmediziner empfehlen einen Bildaufbau von 90 bis 110 Bildern pro Sekunde. Der Bildschirm sollte möglichst „aus der Ferne betrachtet" werden; aktuelle Forschungsergebnisse schlagen einen Abstand von 1 m vor.

Bildschirme sollen **frei von störenden Spiegelungen** sein, sodass bei ungünstigen Lichtverhältnissen oder künstlicher Beleuchtung bewegliche Blenden seitlich und oberhalb des Bildschirmes angebracht werden sollten.

Bildschirme dürfen nicht blenden. Die Blendfreiheit kann bei ausgeschaltetem Monitor geprüft werden: Hält man ein weißes Blatt Papier zwei Meter vom Bildschirm entfernt, darf sich das Papier im Bildschirmglas nicht spiegeln.

Der Bildschirm sollte so angeordnet sein, dass das **Licht von der Seite** kommt. Auf keinen Fall soll der Apparat mit der Rückseite zum Fenster stehen, da das Sonnenlicht den Benutzer blenden würde.

Situation 2 – Grundlagen

Aufgabe Finya hat sich im Internet bei www.ergo-online.de, einer Internetplattform für Arbeits- und Gesundheitsschutz, über die Faktoren informiert, die das **Raumklima** beeinflussen.

Ihre Recherchen fasst sie für die Besprechung in einem neuen Dokument zusammen. Dabei geht sie genauso vor, wie sie dies bei dem Text Monitor getan hat.

- Finya schreibt die Überschrift **Klima im Büro** und schaltet **zweimal**. Den Text speichert sie unter dem Dateinamen **Klima – formlos**.

- Die Überschrift formatiert sie in Schriftgrad 18, Schriftart Century Gothic und in einem kräftigen Grün.

- Während des Erfassens des Textes will sie zur besseren Übersicht auch bei diesem Text sofort Absätze einfügen.

- Bevor sie mit dem Schreiben beginnt, verwendet sie den Shortcut $\boxed{\text{Strg}}$ + **0** (die Null der Ziffernreihe) und erkennt, dass vor ihrem letzten Returnzeichen eine Zeile Abstand nach vorne hergestellt wird.

- Bei der weiteren Texteingabe braucht sie nur noch einmal statt zweimal zu schalten, um einen Abstand zum vorherigen Absatz zu erzeugen.

- Innerhalb der Auflistung möchte Finya keine freie Zeile haben. Daher verwendet sie nach den Wörtern **Luftfeuchtigkeit, Temperatur, Luftqualität** den weichen Zeilenumbruch mit dem Shortcut $\boxed{\text{Shift}}$ + **Return**.

- Nach dem Wort **Luftgeschwindigkeit** schlägt sie wieder die **Return**-Taste an, um den automatischen Abstand nach vorne weiterführen zu können.

Klima im Büro

Ein angenehmes Raumklima schafft eine wesentliche Voraussetzung für das Wohlbefinden am Arbeitsplatz und sorgt somit für eine gute Arbeitsleistung.

Dabei ist einiges zu beachten: Das Raumklima wird durch das Zusammenwirken von

Luftfeuchtigkeit,
Temperatur,
Luftqualität,
Luftbewegung/Luftgeschwindigkeit

bestimmt.

Die klimatischen Raumbedingungen schreibt die Arbeitsstättenverordnung vor, die „eine gesundheitlich zuträgliche Raumtemperatur" fordert.

Aufgabe

Luftfeuchtigkeit

Eine relative Luftfeuchtigkeit zwischen 30 und 65 Prozent ist akzeptabel. Experten raten zu 50 Prozent, die Berufsgenossenschaften nennen dies als Maximalwert. Hohe Werte helfen auch, elektrostatische Aufladungen zu vermeiden.

Temperatur

Für Bürotätigkeiten gilt eine empfohlene Raumtemperatur von 21 bis 22 °C, mindestens aber 20 °C. Bei hohen Außentemperaturen sollten 26 °C nicht überschritten werden. Größere Temperaturschwankungen sind zu vermeiden.

Luftqualität

Es empfiehlt sich, stündlich zu lüften. Grün- und Wasserpflanzen, wie z. B. Farn, Zyperngras und Zimmerlinde, spenden Sauerstoff und Feuchtigkeit. Einige Pflanzen binden sogar Schadstoffe.

Luftbewegung/Luftgeschwindigkeit

Durch Zugluft fühlt man sich unbehaglich. Eine Luftgeschwindigkeit von 0,1 bis 0,15 m/s gilt als angenehm und wird gefordert. Werte über 0,2 m/s sind zu vermeiden.

Nach der Eingabe des Textes speichert Finya erneut unter demselben Dateinamen und verwendet die Rechtschreibprüfung. Sie formatiert die Überschrift in einer anderen Schriftart, im Schriftgrad 16, und in einem kräftigen Grün. Sie liest noch einmal Korrektur und verändert den Text etwas:

- Die Wörter **Wohlbefinden am Arbeitsplatz** und **gute Arbeitsleistung** im ersten Absatz formatiert sie **fett** und **kursiv**.

- Den Satz **Dabei ist einiges zu beachten**: löscht Finya.

- Sie stellt die Reihenfolge der Wörter **Luftfeuchtigkeit** und **Temperatur** in der Auflistung um, sodass **Temperatur** an erster Stelle steht. Daher muss sie dann auch die Reihenfolge der dazugehörigen erläuternden Absätze verändern.

- Die Angaben

    Raumtemperatur von 21 bis 22 °C
    Luftfeuchtigkeit zwischen 30 und 65 Prozent
    Luftgeschwindigkeit von 0,1 bis 0,15 m/s

    formatiert sie **fett** und **kursiv**.

- Sie ersetzt das **Return** hinter den Überschriften der erläuternden Absätze durch ein ⎡Shift⎦ + **Return**.

- Finya **speichert** den Text unter dem Dateinamen **Klima – formatiert**, **druckt** den Text **zweimal** aus und gibt ein Exemplar ihrer Kollegin.

LÖSUNG

SPORTLINE KG – Klima im Büro
Finya, heutiges Datum

Klima im Büro

Ein angenehmes Raumklima schafft eine wesentliche Voraussetzung für das **Wohlbefinden** am Arbeitsplatz und sorgt somit für eine **gute Arbeitsleistung**.

Das Raumklima wird durch das Zusammenwirken von

Temperatur,
Luftfeuchtigkeit,
Luftqualität,
Luftbewegung/Luftgeschwindigkeit

bestimmt.

Die klimatischen Raumbedingungen schreibt die Arbeitsstättenverordnung vor, die "eine gesundheitlich zuträgliche Raumtemperatur" fordert.

Temperatur
Für Bürotätigkeiten gilt eine empfohlene **Raumtemperatur von 21 bis 22 °C**, mindestens aber 20 °C. Bei hohen Außentemperaturen sollten 26 °C nicht überschritten werden. Größere Temperaturschwankungen sind zu vermeiden.

Luftfeuchtigkeit
Eine relative **Luftfeuchtigkeit zwischen 30 und 65 Prozent** ist akzeptabel. Experten raten zu 50 Prozent, die Berufsgenossenschaften nennen dies als Maximalwert. Hohe Werte helfen auch, elektrostatische Aufladungen zu vermeiden.

Luftqualität
Es empfiehlt sich, stündlich zu lüften. Grün- und Wasserpflanzen, wie z. B. Farn, Zyperngras und Zimmerlinde, spenden Sauerstoff und Feuchtigkeit. Einige Pflanzen binden sogar Schadstoffe.

Luftbewegung/Luftgeschwindigkeit
Durch Zugluft fühlt man sich unbehaglich. Eine **Luftgeschwindigkeit von 0,1 bis 0,15 m/s** gilt als angenehm und wird gefordert. Werte über 0,2 m/s sind zu vermeiden.

18 Autorenkorrektur

Finya erhält von ihrer Kollegin die gedruckte Seite mit einigen handschriftlichen Bemerkungen zurück: Die Wörter der Auflistung und der Überschriften

Temperatur
Luftfeuchtigkeit
Luftqualität
Luftbewegung/Luftgeschwindigkeit

sind unterstrichen, am rechten Rand wiederholt sich der Unterstrich und daneben steht der Begriff **fett**.

Im Absatz **Luftqualität** ist hinter dem Wort **lüften** ein senkrechter Strich, der sich am Rand wiederholt; daneben steht handschriftlich: **(das sogenannte Stoßlüften)**.

Die Kollegin erklärt Finya, dass es sich um Korrekturzeichen handelt, die immer dann angewendet werden, wenn gedruckter Text vorliegt, der im Computer zu ändern ist.

■ Finya schaut sich im Duden die Korrekturzeichen an und erstellt eine Liste der Zeichen, die sie für die Bearbeitung von Text für notwendig hält. Diese Liste will sie bei Bedarf erweitern.

Zeichen	Bedeutung	Erläuterung
___	Hervorheben von Textteilen	Am Rand stehen Angaben zur Zeichenformatierung, z. B. **fett**, *kursiv*, unterstrichen
|	Einfügestelle kennzeichnen	Am Rand stehender Text wird eingefügt
⊓⊔	Ändern der Reihenfolge	Markierte Wörter umstellen
⌐▭	Absatz markieren	Absatz an anderer Stelle einfügen
⌐⌐	Abstand erzeugen	Einfügen einer Absatzmarke
⌢	Anhängen	Verbinden von zwei Absätzen

■ Die vorgeschlagenen Änderungen findet Finya gut. Sie verbessert den Text entsprechend der Autorenkorrekturen und führt die **Silbentrennung** durch.

■ Um noch etwas Farbe in das Dokument zu bringen, formatiert Finya die unterstrichenen Wörter in dem gleichen Grün wie bei der Überschrift.

■ Den Text **speichert** Finya mit dem Dateinamen **Klima – formatiert – Autorenkorrektur**.

LÖSUNG

SPORTLINE KG – Klima im Büro
Finya, heutiges Datum

Klima im Büro

Ein angenehmes Raumklima schafft eine wesentliche Voraussetzung für das *Wohlbefinden* am Arbeitsplatz und sorgt somit für eine *gute Arbeitsleistung*.

Das Raumklima wird durch das Zusammenwirken von

Temperatur,
Luftfeuchtigkeit,
Luftqualität,
Luftbewegung/Luftgeschwindigkeit — fett

bestimmt.

Die klimatischen Raumbedingungen schreibt die Arbeitsstättenverordnung vor, die "eine gesundheitlich zuträgliche Raumtemperatur" fordert.

Temperatur — fett
Für Bürotätigkeiten gilt eine empfohlene **Raumtemperatur von 21 bis 22 °C**, mindestens aber 20 °C. Bei hohen Außentemperaturen sollten 26 °C nicht überschritten werden. Größere Temperaturschwankungen sind zu vermeiden.

Luftfeuchtigkeit — fett
Eine relative **Luftfeuchtigkeit zwischen 30 und 65 Prozent** ist akzeptabel. Experten raten zu 50 Prozent, die Berufsgenossenschaften nennen dies als Maximalwert. Hohe Werte helfen auch, elektrostatische Aufladungen zu vermeiden.

Luftqualität — fett
Es empfiehlt sich, stündlich zu lüften (das sogenannte Stoßlüften). Grün- und Wasserpflanzen, wie z. B. Farn, Zyperngras und Zimmerlinde, spenden Sauerstoff und Feuchtigkeit. Einige Pflanzen binden sogar Schadstoffe.

Luftbewegung/Luftgeschwindigkeit — fett
Durch Zugluft fühlt man sich unbehaglich. Eine **Luftgeschwindigkeit von 0,1 bis 0,15 m/s** gilt als angenehm und wird gefordert. Werte über 0,2 m/s sind zu vermeiden.

Situation 2 – Grundlagen

19 Seite einrichten

Bevor Finya den korrigierten Text druckt, möchte sie sich mit den Möglichkeiten der Anordnung von Text auf einer A4-Seite vertraut machen. Dazu schaut sie sich auf der *Registerkarte* Seitenlayout die *Gruppe* Seite einrichten genauer an.

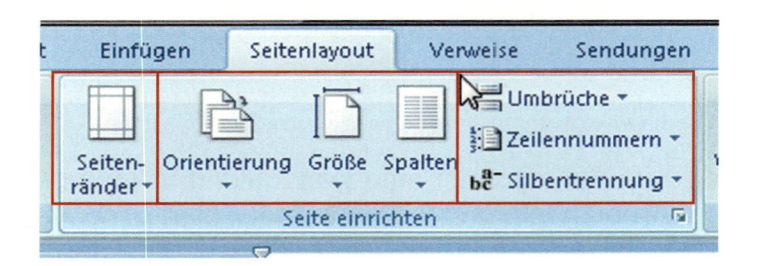

Seitenränder	Legt den Randbereich für das gesamte Dokument fest. Der Listenpfeil bietet eine Reihe vorgefertigter Auswahlmöglichkeiten; es können aber auch benutzerdefinierte Seitenränder eingegeben werden.
Orientierung	Erlaubt den Wechsel zwischen Hochformat und Querformat.
Größe	Listet eine Vielzahl von Formaten auf, auch Formate für Briefumschläge.
Spalten	Zuständig für Zeitungsspalten.

- Finya weiß, dass die Größe eines A4-Blattes genormt ist und die Maße von 21 cm x 29,7 cm besitzt. Dies hat sie auf der Verpackung des Kopier- und Druckerpapieres schon gelesen.

- Die Standardeinstellung einer A4-Seite schaut sie sich über den **Launcher** an.

- Sie verändert die Maße der **Seitenränder** um jeweils + 1 cm, indem sie die vorhandenen Maße überschreibt und bestätigt mit **OK**.

- Bei der Eingabefläche **Bundsteg** erhöht sie die cm-Angabe durch Klicken auf den Pfeil auf 2 cm und erkennt, dass zusätzlicher Rand für das Binden des Dokumentes gewonnen wird.

- Sie klickt auf **Querformat** und sieht den Effekt in der Vorschau. Danach stellt sie wieder **Hochformat** ein.

- Bei **Mehrere Seiten** klickt sie auf den Listenpfeil und erkennt, dass, um Papier zu sparen, zwei Seiten Text auf einer Seite A4 gedruckt werden können.

Die Schaltfläche Standard ... speichert die vorgenommenen Einstellungen der Seitenränder in der globalen Dokumentvorlage, sodass diese Maße beim Starten des Programms die Standardeinstellungen für alle zukünftigen Dokumente werden.

In bereits erstellten Dokumenten greifen diese Veränderungen nicht automatisch.

- Mit **OK** bestätigt Sie die vorgenommen Einstellungen und **druckt** den Text **einmal**.

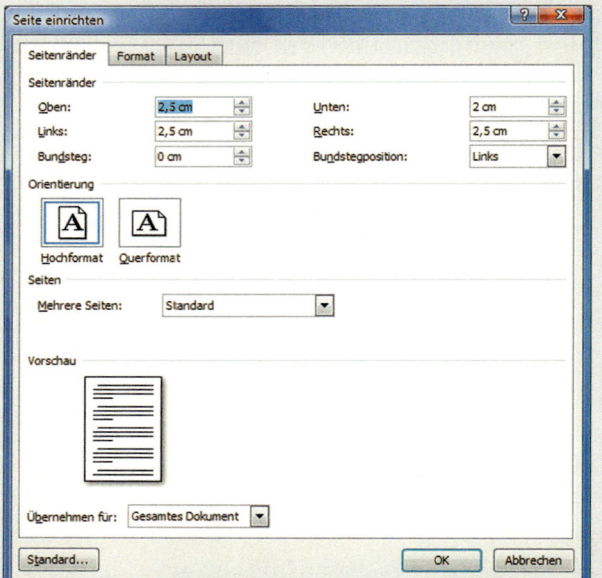

LÖSUNG

SPORTLINE KG – Klima im Büro
Finya, heutiges Datum

Klima im Büro

Ein angenehmes Raumklima schafft eine wesentliche Voraussetzung für das *Wohlbefinden* am Arbeitsplatz und sorgt somit für eine *gute Arbeitsleistung*.

Das Raumklima wird durch das Zusammenwirken von

Temperatur,
Luftfeuchtigkeit,
Luftqualität,
Luftbewegung/Luftgeschwindigkeit

bestimmt.

Die klimatischen Raumbedingungen schreibt die Arbeitsstättenverordnung vor, die "eine gesundheitlich zuträgliche Raumtemperatur" fordert.

Temperatur
Für Bürotätigkeiten gilt eine empfohlene *Raumtemperatur von 21 bis 22 °C*, mindestens aber 20 °C. Bei hohen Außentemperaturen sollten 26 °C nicht überschritten werden. Größere Temperaturschwankungen sind zu vermeiden.

Luftfeuchtigkeit
Eine relative *Luftfeuchtigkeit zwischen 30 und 65 Prozent* ist akzeptabel. Experten raten zu 50 Prozent, die Berufsgenossenschaften nennen dies als Maximalwert. Hohe Werte helfen auch, elektrostatische Aufladungen zu vermeiden.

Luftqualität
Es empfiehlt sich, stündlich zu lüften (das sogenannte Stoßlüften). Grün- und Wasserpflanzen, wie z. B. Farn, Zyperngras und Zimmerlinde, spenden Sauerstoff und Feuchtigkeit. Einige Pflanzen binden sogar Schadstoffe.

Luftbewegung/Luftgeschwindigkeit
Durch Zugluft fühlt man sich unbehaglich. Eine *Luftgeschwindigkeit von 0,1 bis 0,15 m/s* gilt als angenehm und wird gefordert. Werte über 0,2 m/s sind zu vermeiden.

20 Schriftarten

> Für das weitere Arbeiten und Formatieren von Text schaut Finya sich den Charakter einiger Schriftarten an.
>
> Dies ist ihr wichtig, da sie auch Geschäftsbriefe schreiben muss und in absehbarer Zeit in die Werbeabteilung wechselt. Dort wird sie u. a. auch bei der Erstellung von Werbeflyern mitwirken.

Die Wahl der passenden Schriftart ist nicht einfach, denn es gibt Tausende von Schriftarten und -größen. Hinzu kommt noch die Möglichkeit von Schriftattributen wie kursiv, unterstreichen, Großbuchstaben usw.

Es wird unterschieden:

Nicht proportionale Schrift	Jeder Buchstabe hat den gleichen Zeichenabstand, z. B. Courier New	Lesbarkeit beachten
Proportionale Schrift	Die Buchstaben haben unterschiedlichen Zeichenabstand, z. B. Times New Roman	Lesbarkeit beachten
Schriftarten mit Serifen	Kleine Querstriche am oberen und unteren Ende der Buchstaben und Zeichen, z. B. Bookmann Old Style	Lesbarkeit beachten

Mit Schriftarten und -größen ist besonders sparsam umzugehen. Höchstens 2 – 3 Schriftarten sollten in einem Dokument verwendet werden. Es ist vorteilhafter, wichtige Punkte durch Fettschrift, kursiv, unterstreichen oder die Auswahl einer anderen Farbe herauszuheben.

Das lernen Sie in der Situation 3

Text: Computermaus

Text: Tastatur

Text: Drucker

Text: Lärm

Text: Licht

→ Absatzformatierungen
  rechtsbündig – zentriert – linksbündig – Blocksatz
  negativer Erstzeileneinzug
  einrücken – links und rechts
→ Aufzählungszeichen einfügen
→ Definierte Aufzählungszeichen auswählen
→ Internetrecherche – Grafik suchen, einfügen und positionieren
→ Nummerierung mit Ziffern und Buchstaben
→ Text mit Einzügen gestalten
→ Checkliste mit Tabulator erstellen
→ Zeilenabstände mit Shortcuts erzeugen
→ Rahmen und Schattierungen verwenden
→ Kopf- und Fußzeile erstellen, speichern und einfügen

21 Situation 3

Ein großes Stück Arbeit für die Vorbereitung der Besprechung über die Neugestaltung der Büroarbeitsplätze hat Finya geschafft. Heute will sie die notwendigen Informationen über die Neuanschaffungen von Maus – Tastatur und Drucker zusammenstellen und gestalten.

■ Finya beginnt mit dem Text über die **Computermaus**. Sie erfasst diesen zunächst formlos und **speichert** ihn unter dem Dateinamen **Computermaus – formlos**.

Computermaus

Die Computermaus sollte ergonomisch sein und die natürliche Handhaltung berücksichtigen. Beim Einsatz von zu großen oder zu kleinen Mäusen können Ermüdungserscheinungen auftreten. Wer häufig mit der Computermaus arbeitet, der setzt nur einen Finger zum Klicken ein. Diese einseitige Bewegung kann Schmerzen in Händen und Armen hervorrufen. Daher sollte die Maus beim Arbeiten nur sparsam verwendet werden. Maus und Tastatur sollten abwechselnd genutzt werden. Hilfreich sind dabei das Zehn-Finger-Tastschreiben und Shortcuts für Befehle, bei denen beide Hände eingesetzt werden, um Verspannungen bis hin zum Mausarm zu vermeiden. Die Maus sollte direkt neben der Tastatur in Körpernähe liegen. Hersteller bieten Mäuse an: für kleine und große Hände, für Rechts- und Linkshänder, unterschiedlich gewölbte, mit Kabel und ohne Kabel und mit Scrollrad. Mäuse mit einem Scrollrad sind vorteilhaft beim Blättern in Dokumenten oder Dateilisten. Der rundgeformte Teil der Maus sollte dem Handballen zugewandt liegen. Mittlerweile gibt es auch Gestaltungsregeln für eine ergonomische Computermaus.

21.1 Absatzformatierung

■ Zur besseren Lesbarkeit will Finya den Text in **fünf** sinnvolle **Absätze** gliedern und einige Absatzformatierungen ausprobieren.

Finya weiß, dass ein Absatz in Word ein klar definierter Begriff und an diesem Zeichen ¶ erkennbar ist. Das Absatzzeichen kann in der *Registerkarte* Start in der *Gruppe* Absatz mit Klick auf das Zeichen **ein- oder ausgeblendet** werden.

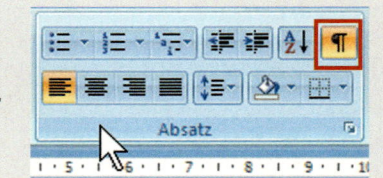

Mit der Absatzformatierung kann das Aussehen eines Absatzes verändert werden. Bei der Absatzformatierung genügt es, wenn sich der Cursor in dem zu formatierenden Absatz befindet. Sind mehrere Absätze zu formatieren, müssen diese markiert sein.

■ Bevor Finya mit der Absatzformatierung beginnt, gleicht sie den rechten Flatterrand aus.

21.1.1 Linksbündig – zentriert – rechtsbündig – Blocksatz

- Entsprechend der Reihenfolge der Symbole will Finya vorgehen.

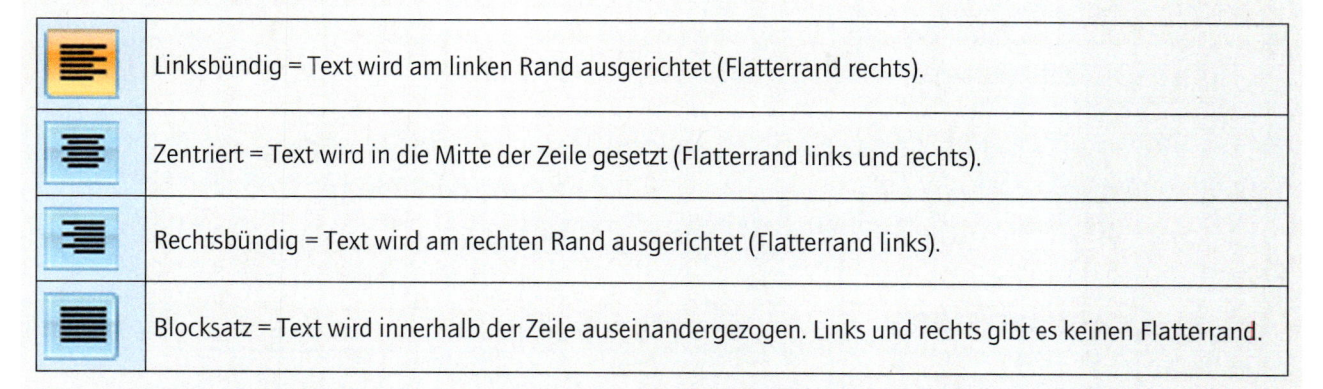

☰	Linksbündig = Text wird am linken Rand ausgerichtet (Flatterrand rechts).
☰	Zentriert = Text wird in die Mitte der Zeile gesetzt (Flatterrand links und rechts).
☰	Rechtsbündig = Text wird am rechten Rand ausgerichtet (Flatterrand links).
☰	Blocksatz = Text wird innerhalb der Zeile auseinandergezogen. Links und rechts gibt es keinen Flatterrand.

- Finya stellt den Cursor in den **ersten** Absatz und geht mit der Maus auf das erste Icon. Sie erkennt, dass das Symbol bereits unterlegt ist, weil der Absatz standardmäßig **links** ausgerichtet wird. Die Quickinfo zeigt ihr die Erläuterung und den Shortcut.

- Den **zweiten** Absatz **zentriert** sie über das zweite Icon und den dritten Absatz formatiert sie **rechtsbündig**.

- Den **vierten** Absatz übergeht sie, denn bei diesem Absatz will sie später Aufzählungszeichen hinzufügen.

- Den **fünften** Absatz formatiert sie als **Blocksatz**.

21.1.2 Aufzählungszeichen einfügen

- Nachdem sie die geläufigsten Absatzformatierungen verwendet hat, gliedert und formatiert sie den vierten Absatz wie abgebildet und löscht die überflüssigen Kommas und Leerzeichen.

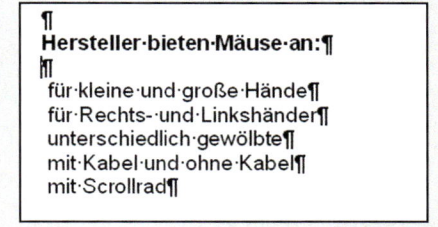

- Finya markiert die Aufzählung, klickt auf den Listenpfeil neben dem Symbol und öffnet das Pull-down-Menü.

- Sobald sie mit der Maus auf ein Zeichen in der **Aufzählungszeichenbibliothek** zeigt, wird ihr die Auswahl als Vorschau im Text angezeigt. Erst mit Klick auf das Symbol wird das Zeichen ausgewählt und im Text eingebunden. Finya wählt ein Aufzählungszeichen aus.

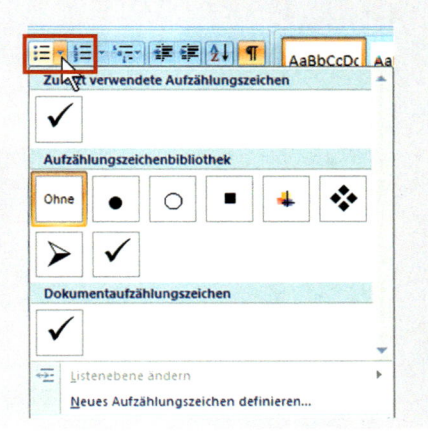

Situation 3 – Grundlagen

- Damit der Text mit der Gliederung am linken Rand ausgerichtet wird, klickt Finya auf das Symbol **Einzug verkleinern**.

- Mit Klick auf das folgende Icon **Einzug vergrößern** könnte Finya die Aufzählung wieder nach rechts rücken.

- Die Überschrift möchte Finya wie bei den anderen Texten mit zwei Leerzeilen vom Text trennen und formatieren. Diesmal entscheidet sie sich für die Schriftart **Comic Sans MS**, den Schriftgrad **16**, die Farbe **Blau** und für **Großbuchstaben**.

21.1.3 Grafik einfügen

Die Anwendungen der Absatzformatierungen findet Finya gelungen und einfach. Auch die Aufzählung, mit der wesentliche Punkte hervorgehoben werden können, gefällt ihr. Jedoch ist der untere Teil der Seite nicht ausgefüllt, daher will Finya hier eine Grafik einer ergonomischen Computermaus einbinden.

- Sie öffnet den Internetexplorer, ruft die Suchmaschine **Google** auf und gibt das Suchwort **Computermäuse** ein.

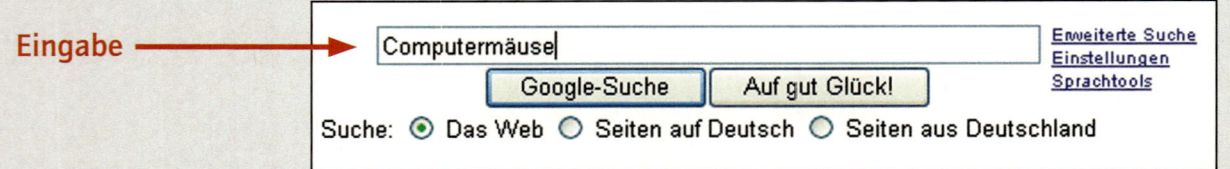

    Eingabe

- Mit Klick auf die Befehlsfläche **Google-Suche** startet Finya den Suchvorgang.

- Finya klickt auf den Begriff **Bilder** und holt damit eine reichhaltige Auswahl an Abbildungen in den Vordergrund.

- Mit der Bildlaufleiste scrollt Finya nach unten und wählt eine Computermaus aus, welche auch für die Neuanschaffung infrage kommen könnte.

- Sie geht mit dem Mauszeiger auf das Bild und mit Klick auf die rechte Maustaste öffnet sie das **Kontextmenü**.

- Aus diesem Menü wählt Finya den Befehl **Kopieren**.

- Über die Taskleiste holt sie die Textseite über die Computermäuse in den Vordergrund, positioniert den Cursor und fügt das Bild mithilfe der Zwischenablage ein.

- Damit das Bild genau in der Mitte der Seite steht, zentriert sie es.

- Finya ist mit ihrer Arbeit sehr zufrieden. Sie **speichert** den formatierten Text unter dem Dateinamen **Computermaus – formatiert** und druckt die Seite aus.

LÖSUNG

SPORTLINE KG – Computermaus
Finya, heutiges Datum

Computermaus

linksbündig

Die Computermaus sollte ergonomisch sein und die natürliche Handhaltung berücksichtigen. Beim Einsatz von zu großen oder zu kleinen Mäusen können Ermüdungserscheinungen auftreten.

zentriert

Wer häufig mit der Computermaus arbeitet, der setzt nur einen Finger zum Klicken ein. Diese einseitige Bewegung kann Schmerzen in Händen und Armen hervorrufen. Daher sollte die Maus beim Arbeiten nur sparsam verwendet werden. Maus und Tastatur sollten abwechselnd genutzt werden.

rechtsbündig

Hilfreich dabei ist das Zehn-Finger-Tastschreiben und Shortcuts für Befehle, bei denen beide Hände eingesetzt werden, um Verspannungen bis hin zum Mausarm zu vermeiden. Die Maus sollte direkt neben der Tastatur in Körpernähe liegen.

Hersteller bieten Mäuse an:

- ✓ für kleine und große Hände
- ✓ für Rechts- und Linkshänder
- ✓ unterschiedlich gewölbte
- ✓ mit Kabel und ohne Kabel
- ✓ mit Scrollrad

Blocksatz

Mäuse mit einem Scrollrad sind vorteilhaft beim Blättern in Dokumenten oder Dateilisten. Der rundgeformte Teil der Maus sollte dem Handballen zugewandt liegen. Mittlerweile gibt es auch Gestaltungsregeln für eine ergonomische Computermaus.

21.1.4 Nummerierung und definierte Aufzählungszeichen

> Beim Zusammenstellen des Textes über Tastaturen wurde Finya bewusst, dass bei der Anschaffung von Tastaturen – die das wichtigste Eingabegerät beim Arbeiten mit dem Computer sind – nicht gespart werden darf. Die Mitarbeiter sollen gesundheitsschonend arbeiten, Fehlhaltungen und ständiges Verschreiben vermeiden. Bei der Gestaltung des Textes will sie weitere Absatzformatierungen anwenden.

- Finya erfasst den Text formlos und **speichert** ihn unter dem Dateinamen **Tastatur – formlos**.

Tastatur
Ein rückengerechter Arbeitsplatz verlangt eine gute Sitzhaltung, richtige Handhaltung und eine Bedienung der Tastatur, die Schulterverspannungen vermeidet. Beim Kauf einer Tastatur sollte beachtet werden, dass die Tastatur als wichtigstes Eingabegerät zwischen Mensch und Maschine ergonomisch beschaffen ist. Wer viel mit dem Computer arbeitet, sollte hohe ergonomische Ansprüche an die Tastatur stellen, um entspannt und ausdauernd arbeiten zu können. Für entspannte Arbeitshaltung bieten die Hersteller sehr unterschiedliche Tastaturen an, z. B.: mit oder ohne Kabel, zweigeteilte Tastaturen, geteilte Tastaturen, geschwungene Tastaturen, mit individuell verstellbarem Neigungswinkel, mit integriertem Mausersatz (Touchpads oder Trackpoints). Vom Benutzer sollten weitere Anforderungen an die Tastatur gestellt werden: Helle Tasten mit dunklen Schriftzeichen, matte Oberfläche, ausreichende Tastengröße, Tasten mit Mulde. Manche Tastaturen erfordern eine gewisse Eingewöhnungszeit und sollten eine Zeit lang ausprobiert werden. Die Tastatur sollte möglichst nahe am Körper positioniert und nicht mit ausgestreckten Armen bedient werden. Um Beschwerden der Handgelenke zu vermeiden, ist eine lockere Hand- bzw. Schreibhaltung erforderlich. Von Vorteil ist, wenn sich der Neigungswinkel der Tastatur um ca. 15 bis 25 Grad anheben lässt. Nur wer das sichere 10-Finger-Tastschreiben beherrscht, arbeitet gesundheitsschonend und rationell.

- Den Text gliedert Finya zunächst in Absätze wie dargestellt.

- Bevor Finya den Text formatiert, gleicht sie den rechten Flatterrand aus.

Situation 3 – Grundlagen

- Die ersten beiden Absätze markiert sie, klickt auf den Listenpfeil neben dem Icon **Nummerierung** und wählt die **Nummerierung Zahlenausrichtung links** aus.

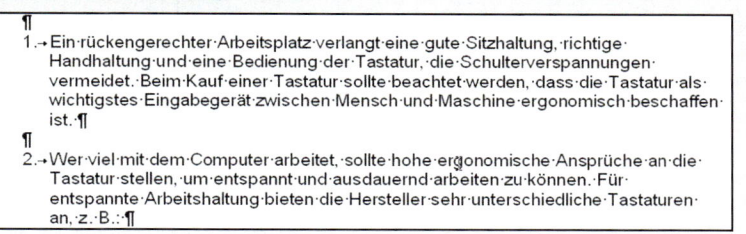

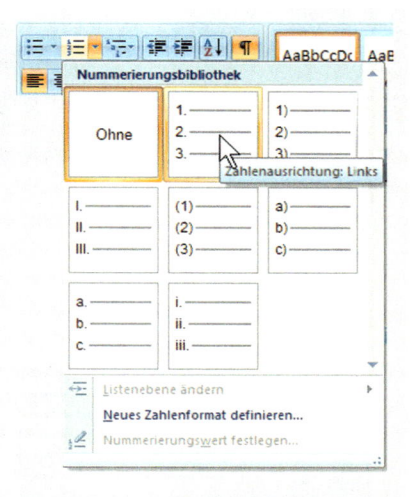

  > ¶
  > 1. → Ein·rückengerechter·Arbeitsplatz·verlangt·eine·gute·Sitzhaltung,·richtige· Handhaltung·und·eine·Bedienung·der·Tastatur,·die·Schulterverspannungen· vermeidet.·Beim·Kauf·einer·Tastatur·sollte·beachtet·werden,·dass·die·Tastatur·als· wichtigstes·Eingabegerät·zwischen·Mensch·und·Maschine·ergonomisch·beschaffen· ist.·¶
  > ¶
  > 2. → Wer·viel·mit·dem·Computer·arbeitet,·sollte·hohe·ergonomische·Ansprüche·an·die· Tastatur·stellen,·um·entspannt·und·ausdauernd·arbeiten·zu·können.·Für· entspannte·Arbeitshaltung·bieten·die·Hersteller·sehr·unterschiedliche·Tastaturen· an,·z.·B.:·¶

- Die unterschiedlichen Angebote von Tastaturen möchte Finya mit Buchstaben gliedern. Dazu verändert sie den Text wie abgebildet und löscht die überflüssigen Leerzeichen und Kommas.

  > Arbeitshaltung·bieten·die·Hersteller·sehr·unterschiedliche·Tastaturen·an,·z.·B.:·¶
  > ¶
  > mit·oder·ohne·Kabel¶
  > zweigeteilte·Tastaturen¶
  > geteilte·Tastaturen¶
  > geschwungene·Tastaturen¶
  > mit·individuell·verstellbarem·Neigungswinkel¶
  > mit·integriertem·Mausersatz·(Touchpads·oder·Trackpoints)¶
  > ¶

- Finya markiert die Auflistung, öffnet wiederum den Listenpfeil neben dem Symbol **Nummerierung** und entscheidet sich für die **Auswahl a), b), c)**. Auch hier wird der Text etwas eingerückt. Sie prüft, ob die Auflistung die Fluchtlinie des darüber stehenden Textes hat.

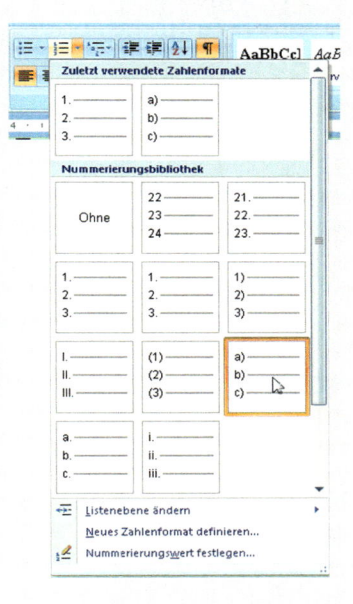

- Den dritten Absatz mit der Aufzählung über die Anforderungen an die Tastatur gliedert Finya ebenso wie den zweiten Absatz.

  > ¶
  > Vom·Benutzer·sollen·weitere·Anforderungen·an·die·Tastatur·gestellt·werden:·¶
  > ¶
  > helle·Tasten·mit·dunklen·Schriftzeichen¶
  > matte·Oberfläche¶
  > ausreichende·Tastengröße¶
  > Tasten·mit·Mulde¶
  > ¶

- Für diese Aufzählung will Finya ein anderes Zeichen verwenden. Dazu markiert sie die Aufzählung, öffnet den Listenpfeil neben dem Icon **Aufzählungszeichen** und wählt den Befehl **Neues Aufzählungszeichen definieren...**

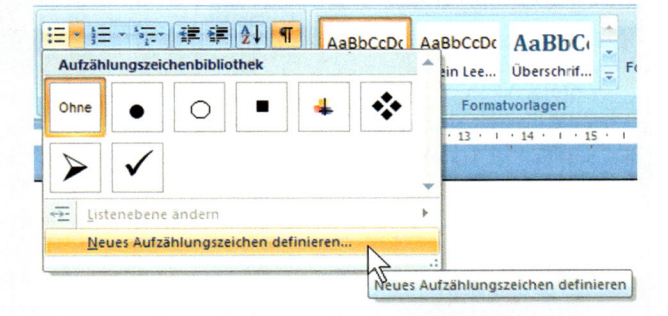

53

- In dem gleichnamigen Dialogfeld klickt sie auf die Schaltfläche **Symbol...** und gelangt in das Dialogfeld **Symbol**.

- Von der reichen Auswahl an Symbolen ist Finya überrascht. Neugierig geworden öffnet sie den **Listenpfeil** bei **Schriftart:** und wählt die Schriftart **Wingdings** aus.

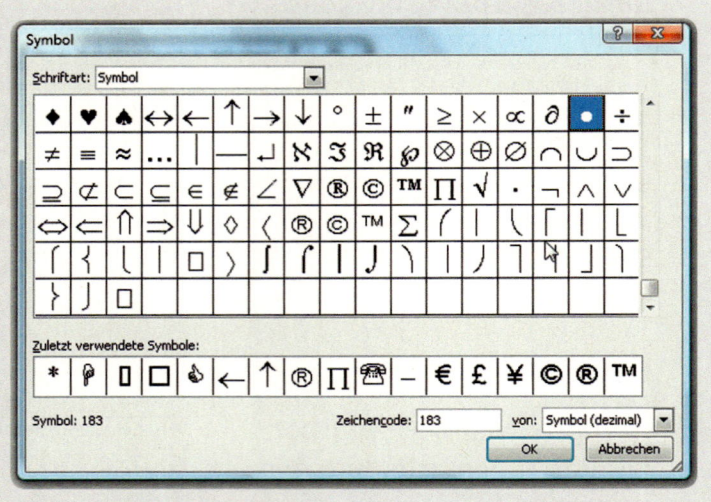

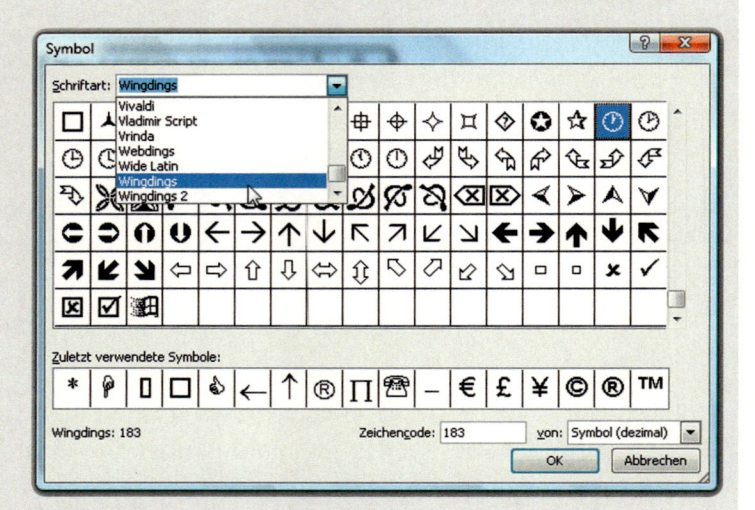

- Finya scrollt mit der rechten Bildlaufleiste in dem Fenster und ist auch hier von der Vielzahl der angebotenen Zeichen überrascht. Sie entscheidet sich für die Hand mit dem Daumen nach oben und fügt die Aufzählungszeichen mit dem Befehl **OK** ein.

- Bei den restlichen Absätzen des Textes möchte Finya mit der Nummerierung fortfahren.

- Finya erinnert sich an die Funktion **Format übertragen**. Sie weiß, dass alle Formatierungen in dem nachfolgenden Returnzeichen gespeichert werden. Sie probiert aus, ob durch den Befehl **Format übertragen** auch Nummerierungen fortlaufend weitergeführt werden können.

- Beim Übertragen des Formats auf die entsprechenden Absätze stellt sie fest, dass fortlaufend nummeriert wurde.

- Wie beim Text über die Computermaus formatiert Finya die Überschrift in der Schriftart **Comic Sans MS**, im Schriftgrad **16**, in der Farbe **Blau** und im Schriftschnitt **fett**. Außerdem fügt sie noch zwei Leerzeilen zwischen Überschrift und Text ein.

- Mit der angewendeten Absatzformatierung ist Finya sehr zufrieden. Sie **speichert** den formatierten Text unter dem Dateinamen **Tastatur – formatiert** und druckt die Seite aus.

LÖSUNG

SPORTLINE KG – Tastatur
Finya, heutiges Datum

Tastatur

1. Ein rückengerechter Arbeitsplatz verlangt eine gute Sitzhaltung, richtige Handhaltung und eine Bedienung der Tastatur, die Schulterverspannungen vermeidet. Beim Kauf einer Tastatur sollte beachtet werden, dass die Tastatur als wichtigstes Eingabegerät zwischen Mensch und Maschine ergonomisch beschaffen ist.

2. Wer viel mit dem Computer arbeitet, sollte hohe ergonomische Ansprüche an die Tastatur stellen, um entspannt und ausdauernd arbeiten zu können. Für entspannte Arbeitshaltung bieten die Hersteller sehr unterschiedliche Tastaturen an, z. B.:

    a) mit oder ohne Kabel
    b) zweigeteilte Tastaturen
    c) geteilte Tastaturen
    d) geschwungene Tastaturen
    e) mit individuell verstellbarem Neigungswinkel
    f) mit integriertem Mausersatz (Touchpads oder Trackpoints)

3. Vom Benutzer sollten weitere Anforderungen an die Tastatur gestellt werden:

    - helle Tasten mit dunklen Schriftzeichen
    - matte Oberfläche
    - ausreichende Tastengröße
    - Tasten mit Mulde

4. Manche Tastaturen erfordern eine gewisse Eingewöhnungszeit und sollten eine Zeit lang ausprobiert werden.

5. Die Tastatur sollte möglichst nahe am Körper positioniert und nicht mit ausgestreckten Armen bedient werden.

6. Um Beschwerden der Handgelenke zu vermeiden, ist eine lockere Hand- bzw. Schreibhaltung erforderlich.

7. Von Vorteil ist, wenn sich der Neigungswinkel der Tastatur um ca. 15 bis 25 Grad anheben lässt.

8. Nur wer das sichere 10-Finger-Tastschreiben beherrscht, arbeitet gesundheitsschonend und rationell.

21.1.5 Einzüge

> Die Drucker in der Firma sind alle schon etwas überaltert. Finya hat sich Informationsmaterial über verschiedene Drucker besorgt. Diese forstet sie aufmerksam durch und fasst das Wichtigste für die Anschaffung zusammen.

Drucker
Hersteller bieten zahlreiche Modelle mit unterschiedlichen Leistungen an. Zunächst sollte genau überlegt werden, wofür der Drucker benötigt wird. Welche Druckgeschwindigkeit notwendig und welche Druckqualität erforderlich ist. Ein wichtiger Punkt beim Kauf eines Druckers sind die Folgekosten für die Tintenpatronen oder Tonerkartuschen. Drucker sollten die Konzentration beim Arbeiten im Büro nicht stören und leise drucken. Große Drucker, welche von mehreren Personen benutzt werden, sollten in einem separaten Raum mit guter Belüftung stehen. Hochleistungsdrucker verfügen über eigene Festplatten zum Zwischenspeichern der Daten. Je mehr Speicher ein Drucker besitzt, desto eher kann der Computer die Druckausgabe beenden. Tintenstrahldrucker haben sich durch einen günstigen Anschaffungspreis im privaten Bereich etabliert. Die Hersteller bieten diese Drucker zu kleinen Preisen an, die Folgekosten für die Druckerpatronen sind aber oft sehr hoch. Von Vorteil ist, dass in Farbe gedruckt werden kann. Laserdrucker haben sich als Standarddrucker etabliert. Das gilt sowohl für den Office-Bereich als auch für den SOHO (Small Office – Home Office) und teilweise auch im Privatbereich. Laserdrucker bieten gute Druckqualität sowie hohe Druckgeschwindigkeit und sind deswegen gegenüber den Tintenstrahldruckern im Vorteil. Farblaserdrucker sind mittlerweile erschwinglich und bieten bessere Farbqualität als Tintenstrahldrucker. Bei Nutzung von Laserdruckern sind verschiedene Emissionen, z. B. Austritte von Gasen und Dämpfen untersucht worden. Diese Untersuchungen haben ergeben, dass keine Gesundheitsgefährdungen für Nutzer bestehen, wenn die Geräte vorschriftsmäßig behandelt und gewartet werden. All-in-One-Lösungen – Drucker, Scanner, Telefax, Modem – alles in einem. Diese Multifunktionsgeräte haben den Vorteil, dass sie weniger Platz als Einzelgeräte benötigen und einen direkten Anschluss zum Computer haben. Von Vorteil ist, dass sie finanziell günstiger sind und eine gute Alternative zu Einzelgeräten bieten. Von Nachteil ist, dass bei Reparatur eines Gerätes alle Geräte nicht benutzbar sind.

Situation 3 – Grundlagen

- Den Text speichert Finya unter dem Dateinamen **Drucker-formers**. Danach gliedert sie ihn in **sechs** sinnvolle Absätze.

- Den **ersten** Absatz verändert sie nicht und stellt den Cursor in den zweiten Absatz.

- Finya möchte nun weitere Absatzformatierungen ausprobieren. Dazu öffnet sie über den Launcher der *Gruppe* **Absatz** im *Register* **Start** das Dialogfeld Absatz.

- Dabei stellt sie fest, dass die *Registerkarte* **Einzüge und Abstände** in drei große Bereiche eingeteilt ist.

Allgemein	Ausrichtung
	Gliederungsebene
Einzug	Linker Einzug des Absatzes
	Rechter Einzug des Absatzes
	Sondereinzug = (ohne, Erste Zeile, Hängend)
Abstand	Vor dem Absatz
	Nach dem Absatz
	Zeilenabstand

- Sie überschreibt bei **Einzug links:** die Maßangabe **0 cm** DIN-gerecht mit 2,54. Die Angabe der Maßeinheit cm ist nicht erforderlich. Den rechten Einzug stellt sie auf 2.

- Für den **dritten** und **vierten** Absatz wählt sie bei Sondereinzug **Hängend** aus und erkennt, dass in der Schaltfläche **Um: 1,25 cm** automatisch eingetragen wird. Die Veränderung des Absatzes wird in der Vorschau angezeigt.

- Bei dem **fünften** Absatz stellt sie den **Einzug links:** auf **1,25 cm** ein, damit der Text die gleiche Fluchtlinie wie der vorherige Absatz hat.

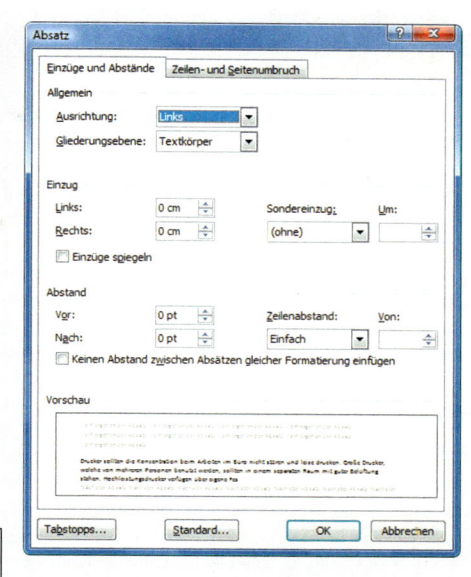

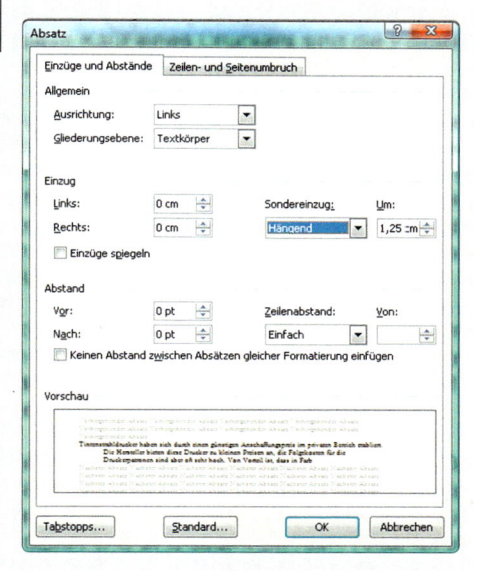

- Den **letzten** Absatz formatiert sie wie den dritten und vierten Absatz mit **hängendem Einzug**.

- Im zweiten Absatz unterstreicht sie die Wörter:
  - Konzentration
  - nicht stören
  - separatem Raum

- Zur besseren Hervorhebung formatiert sie alle **Druckerbezeichnungen** in **Fettdruck**.

- Bevor Finya die Überschrift in der Schriftart **Comic Sans MS**, im Schriftgrad **16** und in der Farbe **Blau** formatiert, fügt sie noch zwei Leerzeilen ein.

- Ehe sie den Text unter dem Dateinamen **Drucker – formatiert** speichert, gleicht sie den rechten **Flatterrand** aus und **druckt** den Text einmal.

LÖSUNG

SPORTLINE KG – Drucker
Finya, heutiges Datum

Drucker

Hersteller bieten zahlreiche Modelle mit unterschiedlichen Leistungen an. Zunächst sollte genau überlegt werden, wofür der Drucker benötigt wird. Welche Druckgeschwindigkeit notwendig und welche Druckqualität erforderlich ist. Ein wichtiger Punkt beim Kauf eines Druckers sind die Folgekosten für die Tintenpatronen oder Tonerkartuschen.

Drucker sollten die <u>Konzentration</u> beim Arbeiten im Büro <u>nicht stören</u> und leise drucken. Große Drucker, welche von mehreren Personen benutzt werden, sollten in einem <u>separaten Raum</u> mit guter Belüftung stehen. Hochleistungsdrucker verfügen über eigene Festplatten zum Zwischenspeichern der Daten. Je mehr Speicher ein Drucker besitzt, desto eher kann der Computer die Druckausgabe beenden.

Tintenstrahldrucker haben sich durch einen günstigen Anschaffungspreis im privaten Bereich etabliert. Die Hersteller bieten diese Drucker zu kleinen Preisen an, die Folgekosten für die Druckerpatronen sind aber oft sehr hoch. Von Vorteil ist, dass in Farbe gedruckt werden kann.

Laserdrucker haben sich als Standarddrucker etabliert. Das gilt sowohl für den Office-Bereich als auch für den SOHO (Small Office – Home Office) und teilweise auch im Privatbereich. Laserdrucker bieten gute Druckqualität sowie hohe Druckgeschwindigkeit und sind deswegen gegenüber den Tintenstrahldruckern im Vorteil. Farblaserdrucker sind mittlerweile erschwinglich und bieten bessere Farbqualität als Tintenstrahldrucker.

Bei Nutzung von Laserdruckern sind verschiedene Emissionen, z. B. Austritte von Gasen und Dämpfen untersucht worden. Diese Untersuchungen haben ergeben, dass keine Gesundheitsgefährdungen für Nutzer bestehen, wenn die Geräte vorschriftsmäßig behandelt und gewartet werden.

All-in-One-Lösungen – Drucker, Scanner, Telefax, Modem – alles in einem. Diese Multifunktionsgeräte haben den Vorteil, dass sie weniger Platz als Einzelgeräte benötigen und einen direkten Anschluss zum Computer haben. Von Vorteil ist, dass sie finanziell günstiger sind und eine gute Alternative zu Einzelgeräten bieten. Von Nachteil ist, dass bei Reparatur eines Gerätes alle Geräte nicht benutzbar sind.

Situation 3 – Grundlagen

21.1.6 Checkliste – Tabulator

> Nach ausführlichen Internetrecherchen und der Befragung betroffener Mitarbeiter kommen für den Betrieb nur Laserdrucker infrage. Teilweise ist es sinnvoll, für mehrere Mitarbeiter einen großen und leistungsfähigen Laserdrucker zu installieren. Bei anderen Arbeitsplätzen ist es ökonomischer, kleinere Drucker direkt anzuschließen. Damit wesentliche Punkte beim Kauf von Laserdruckern nicht vergessen werden, erstellt Finya eine Checkliste mit Anforderungen.
>
> Diese Checkliste will sie mit kleinen Quadraten als Ankreuzkästchen – wie abgebildet – übersichtlich gestalten.

■ Finya schreibt die Überschrift und schlägt **zwei Returns** an.

■ In der *Registerkarte* Start wählt sie über den Listenpfeil des Icons **Aufzählungszeichen** das Viereck aus.

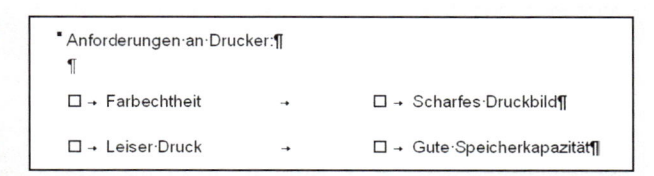

■ Sie benutzt das Icon **Einzug verkleinern**, um das Aufzählungszeichen am linken Rand zu positionieren. Dann schreibt sie das Wort **Farbechtheit**.

■ Da ihr der Abstand zwischen dem Kästchen und dem Wort zu gering erscheint, vergrößert sie ihn, indem sie über den **Launcher** der *Gruppe* Absatz das Dialogfeld öffnet und den **Sondereinzug Hängend** auf **1 cm** einstellt.

■ Der Begriff **Scharfes Druckbild** soll in der gleichen Zeile bei 7,5 cm stehen. Sie schlägt die **Tabulatortaste** mit den beiden Pfeilen an, die sich auf der Tastatur links neben dem Buchstaben Q befindet. Im Bildschirm erscheint ein waagerechter Pfeil.

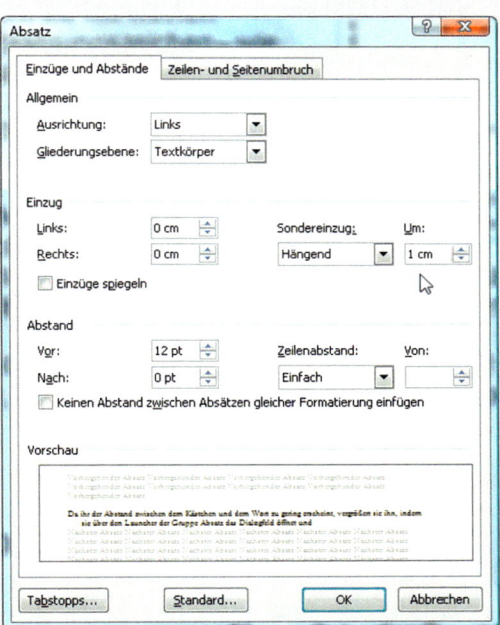

■ Sie sieht im Lineal, dass der Cursor nur zu der Maßangabe 3,75 cm springt. Beim erneuten Anschlagen der Tabulatortaste steht der Cursor bei 5 cm; beim weiteren Anschlagen bei 6,25 cm.

■ Die Kollegin erklärt Finya, dass der **Standard-Tabulator in Word auf 1,25 cm** eingestellt ist, dass sie aber einen eigenen Tabstopp bei 7,5 cm setzen kann.

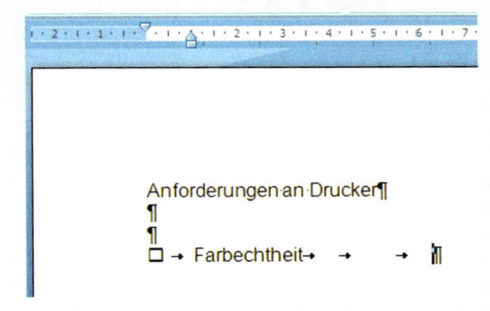

Situation 3 – Grundlagen

Das Icon am Anfang des Lineals zeigt standardmäßig die linksbündige Ausrichtung des Tabstopps an, d. h. der Text wird von links nach rechts geschrieben. Klickt man mit der linken Maustaste in das Lineal bei dem gewünschten cm-Maß, wird ein linksbündiger Tabstopp gesetzt, der dann mit dem einmaligen Betätigen der Tabulatortaste angesprungen werden kann.

Dies ist die rationellste Methode, um innerhalb einer Zeile einen beliebig großen Abstand herzustellen.

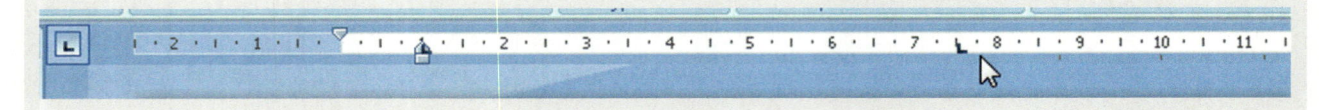

- Finya löscht die drei Sprünge mit der Korrekturtaste, sodass sich der Cursor wieder hinter dem Wort **Farbechtheit** befindet.

- Sie klickt mit der linken Maustaste bei **7,5 cm** in das Lineal und benutzt die Tabulatortaste, die nun den Cursor an die gewünschte Position setzt und schreibt den Begriff **Scharfes Druckbild**.

- Durch Anklicken des Icons **Aufzählungszeichen** versucht sie, diesem Text ebenfalls ein Ankreuzkästchen zuzuweisen. Da dies nicht funktioniert, weil Aufzählungszeichen immer nur am Anfang eines Absatzes eingefügt werden können, geht sie einen anderen Weg:

- Sie stellt den Cursor an den Anfang des Begriffs **Scharfes Druckbild**. Auf der *Registerkarte* Einfügen klickt sie in der *Gruppe* Symbole auf den Listenpfeil und wählt den Befehl **Weitere Symbole...**

- In dem sich öffnenden Dialogfeld Symbol sucht sie auf der *Registerkarte* Symbole unter der Schriftart **Wingdings** das Quadrat, markiert es und fügt es mithilfe der Schaltfläche Einfügen vor den Text **Scharfes Druckbild** ein.

Das Kästchen steht nun vor dem Begriff, allerdings ohne Abstand.

- Finya fügt bei **8,5 cm** einen weiteren **linksbündigen Tabstopp** ein und betätigt die Tabulatortaste, sodass der Begriff nach rechts verschoben wird.

- Sie stellt den Cursor an das Ende der Zeile, gibt den Shortcut Strg + 0 ein und schlägt die **Returntaste** an.

- Das Aufzählungszeichen mit dem hängenden Einzug wird automatisch fortgeführt, sodass Finya sofort den Text **Leiser Druck** eingeben kann.

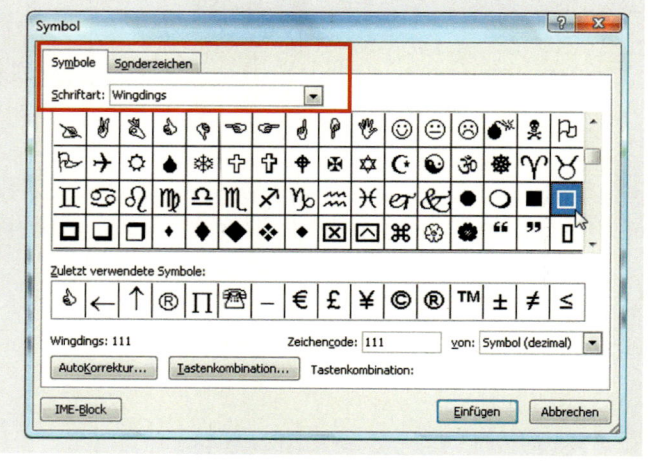

- Beim Anschlagen der Tabulatortaste stellt Finya fest, dass sie das Kästchen vor dem nächsten Begriff in dieser zweiten Zeile erneut eingeben muss. Dazu **markiert** sie das **Symbol** vor dem Begriff **Scharfes Druckbild** und kopiert das Symbol mit dem Shortcut Strg + C in die Zwischenablage. Nun kann sie es mit dem Shortcut Strg + V immer dann einfügen, wenn sie es in den nachfolgenden Zeilen benötigt.

- Sie fügt das Kästchen ein, schlägt die Tabulatortaste an und schreibt den Begriff **Gute Speicherkapazität**.

Aufgabe Finya vervollständigt die Checkliste

☐ Emissionsarm	☐ Schadstoffarme Toner mit Prüfsiegel
☐ Einfache Handhabung	☐ Geschlossenes Tonersystem
☐ Energiesparend	☐ Benutzung von 100 % Recyclingpapier
☐ Einfacher Austausch von Filter	☐ Leichter Wechsel der Tonerkartuschen
☐ Beidseitiges Drucken	☐ Mehrere Papierschächte
☐ Drucken von Umschlägen	☐ Drucken auf A3

- An den Anfang der Überschrift setzt Finya das Wort Checkliste und fügt noch einen Gedankenstrich ein.

- Die komplette Überschrift formatiert sie fett, im Schriftgrad 16 pt, fügt die Kopf- und Fußzeile ein und speichert den Text unter dem Dateinamen **Checkliste – Anforderungen an Drucker**.

```
¶
¶
Checkliste·-·Anforderungen·an·Drucker:¶
¶
   ☐ → Farbechtheit          →    ☐ → Scharfes·Druckbild¶
   ☐ → Leiser·Druck          →    ☐ → Gute·Speicherkapazität¶
   ☐ → Emissionsarm          →    ☐ → Schadstoffarme·Toner·mit·Prüfsiegel¶
   ☐ → Einfache·Handhabung   →    ☐ → Geschlossenes·Tonersystem¶
   ☐ → Energiesparend        →    ☐ → Benutzung·von·100·%·Recyclingpapier¶
   ☐ → Einfacher·Austausch·von·Filter → ☐ → Leichter·Wechsel·der·Tonerkartuschen¶
   ☐ → Beidseitiges·Drucken  →    ☐ → Mehrere·Papierschächte¶
   ☐ → Drucken·von·Umschlägen →   ☐ → Drucken·auf·A3¶
¶
```

21.1.7 Zeilenabstände

Finya hat in einem Zeitungsbericht gelesen, dass Lärm krank machen kann. Sie informiert sich im Internet unter www.ergo-online.de, was die Bildschirmarbeitsverordnung dazu sagt. Diese legt fest, dass Umgebungslärm weder die Kommunikation noch die Konzentration bei der Arbeit beeinträchtigen darf.

Sie fasst ihre Recherchen für die nächste Besprechung in einem neuen Dokument zusammen. Diesmal will sie die Formatierung **Fettdruck** schon **während** der **Texteingabe** durchführen. Den Text **speichert** sie unter dem Dateinamen **Lärm – formlos**.

- Da Finya vermutet, dass ihre Kollegin beim Korrekturlesen des Textes Veränderungen mithilfe der Autorenkorrektur anbringen wird, holt sie die *Registerkarte* Seitenlayout in den Vordergrund. In der *Gruppe* Seite einrichten öffnet sie das gleichnamige Dialogfeld Seite einrichten und legt den **rechten Rand** auf **5 cm** fest.

- Bevor Finya mit dem Schreiben der Überschrift beginnt, schaltet sie den **Fettdruck** mit dem Shortcut Strg + Shift + F ein. Nach dem Schreiben des Wortes **Lärm** beendet sie die Hervorhebung mit dem gleichen Shortcut und schaltet **zweimal**.

- Für die Texteingabe aktiviert sie den Shortcut Strg + 0 und kontrolliert, ob vor dem fortlaufenden Text noch eine Zeile eingefügt wurde.

- Bei der weiteren Texteingabe – wie abgebildet – erkennt sie den Vorteil der direkten Zeichenformatierung.

Lärm

Lärm im Büro wird immer wieder als einer der häufigsten Störfaktoren bei der täglichen Arbeit genannt, denn Büroarbeit verlangt geistige **Konzentration**. Jeder **zweite** Mitarbeiter fühlt sich durch das im Büro herrschende Lärmumfeld beeinträchtigt. Lärm führt zu psychischer Belastung und Stress. Lärm kann krank machen.

Als besonders beeinträchtigend hat sich bei anspruchsvollen Tätigkeiten das unfreiwillige Mithören von Gesprächen herausgestellt. Das „Weghören wollen" löst erhebliche Stressreaktionen aus.

Auch **Bürogeräte** produzieren Geräusche und Lärm. Diese können ebenfalls die **Konzentrationsfähigkeit** und das Leistungsvermögen von Beschäftigten beeinträchtigen.

Der **Lärmgrenzwert** wird in **dB** (dezibel) gemessen. Das **Bel** (B) ist eine nach Alexander Graham Bell benannte Hilfsmaßeinheit zur Kennzeichnung von Pegeln und Maßen. Der gemessene Schalldruckpegel in dB gibt an, wie laut das Geräusch bzw. der Schall von menschlichen Ohren empfunden wird.

Anzustreben ist ein Schalldruckpegel von **maximal 55 dB** bei **vorwiegend geistigen Tätigkeiten**.

Lärm lässt sich reduzieren durch **lärmarme Produkte**, Unterbringung von Drucker oder Kopierer in **separaten Räumen, lärmdämmende Materialien** für Böden, Decken und Wände, **schallisolierende Unterlagen oder Schallschutzhauben**, schallabsorbierende **Stell- und Trennwände**.

- Nach der Eingabe des Textes verwendet sie die **Rechtschreibprüfung**.

- Sie liest noch einmal mit den Augen Korrektur und schaut sich in der Seitenansicht an, ob am rechten Rand genügend Platz für eventuelle Autorenkorrekturen ist.

- Die Überschrift formatiert Finya zusätzlich in der Schriftart **Bookmann Old Style** mit **Großbuchstaben** in der Farbe **Rot** und im Schriftgrad **16 pt**.

- Finya **speichert** erneut und **druckt** den Text **zweimal**. Eine Kopie legt sie sich in die Terminmappe und eine Kopie leitet sie an ihre Kollegin weiter.

Finya erhält zwei Tage später den Text mit Autorenkorrekturen zurück.

21.1.8 Weitere Autorenkorrekturen

Einige Zeichen kennt sie, andere sind neu. Diese lässt sie sich von ihrer Kollegin erklären und ergänzt ihre Liste.

⌈	Wort fehlt	Fehlendes Wort oder Wörter ergänzen
F	Weiteres Fähnchen	Bestimmt die Reihenfolge der vorzunehmenden Korrekturen in einer Zeile
⊢——⊣ ∾	Überflüssig	Gekennzeichnete Textstelle löschen
⊢——⊣ das Licht	Markieren und Ersetzen	Markierte Textstelle wird durch den folgenden Text ersetzt

■ Die Kollegin erklärt Finya, dass das Zeichen für **Löschen** aus dem altdeutschen Buchstaben **d** entstanden ist. Das **d** steht für das lateinische Wort **deleatur** und bedeutet übersetzt: **Es werde getilgt.**

Finya fällt auf, dass das englische Wort delete mit deleatur verwandt ist.

■ Rasch führt Finya die Autorenkorrekturen durch.

LÖSUNG

SPORTLINE KG – Lärm
Finya, heutiges Datum

Lärm

Lärm im Büro wird immer wieder als einer der häufigsten Störfaktoren bei der täglichen Arbeit genannt, denn Büroarbeit verlangt geistige **Konzentration**. Jeder **zweite** Mitarbeiter fühlt sich durch das im Büro herrschende Lärmumfeld beeinträchtigt. Lärm führt zu psychischen Belastungen und Stress. Lärm kann krank machen.

Aufmerksamkeit und **Reaktionszeit** sinken, **Denkvorgänge** laufen langsamer ab. Ist es sehr laut, kann das Gehör geschädigt werden. Lärm beeinflusst das vegetative Nervensystem, erhöht den Blutdruck und kann das Herz-Kreislaufsystem schädigen.

Als besonders beeinträchtigend hat sich bei anspruchsvollen Tätigkeiten das unfreiwillige Mithören von Gesprächen herausgestellt. Das **"Weghören wollen"** löst erhebliche Stressreaktionen aus.

Auch **Bürogeräte** produzieren Geräusche und Lärm. Diese können ebenfalls die **Konzentrationsfähigkeit** und das Leistungsvermögen der Beschäftigten beeinträchtigen.

Der **Lärmgrenzwert** wird in **dB** (deziBel) gemessen. Das **Bel** (B) ist eine nach Alexander Graham Bell benannte Hilfsmaßeinheit zur Kennzeichnung von Pegeln und Maßen. Der gemessene Schalldruckpegel in dB gibt an, wie laut das Geräusch bzw. der Schall vom menschlichen Ohr empfunden wird.

Anzustreben ist ein Schalldruckpegel von **maximal 55 dB** bei **vorwiegend geistigen Tätigkeiten.**

Lärm lässt sich reduzieren durch **lärmarme Produkte,** Unterbringung von Drucker oder Kopierer in **separaten Räumen, lärmdämmende Materialien** für Böden, Decken und Wände, **schallisolierende Unterlagen oder Schallschutzhauben,** schallabsorbierende **Stell- und Trennwände.**

21.1.9 Weitere Formatierungen

■ Zur besseren Übersicht möchte Finya den **letzten Absatz** gliedern. Da sie schon verschiedene Aufzählungszeichen ausprobiert hat, will sie heute den **Spiegelstrich** verwenden. Dieser waagerechte Strich kommt in der kaufmännischen Praxis häufig vor.

■ Finya fügt zunächst an den abgebildeten Stellen Returnzeichen ein.

> Lärm lässt sich reduzieren durch ¶
> **lärmarme Produkte**, ¶
> Unterbringung von Drucker oder Kopierer in **separaten Räumen**, ¶
> **lärmdämmende Materialien** für Böden, Decken und Wände, ¶
> **schallisolierende Unterlagen oder Schallschutzhauben**, ¶
> **schallabsorbierende Stell- und Trennwände**. ¶

■ Die letzten **vier** Punkte markiert sie und benutzt den Shortcut ⌐Strg⌐ + 0, damit der **Abstand nach vorne** zurückgenommen wird.

■ Nun markiert sie die **fünf** Absätze und sucht sich mithilfe des **Icons Aufzählungszeichen** den Spiegelstrich. Die Absätze formatiert sie an der Fluchtlinie.

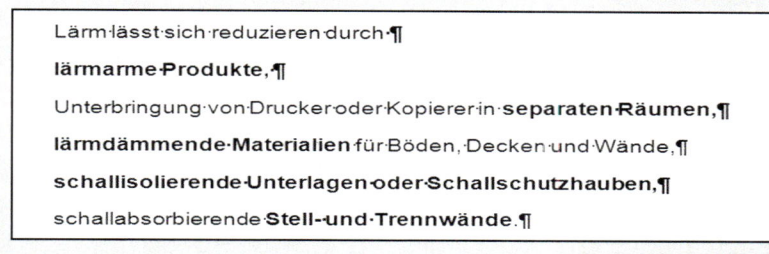

> Lärm lässt sich reduzieren durch ¶
>
> – **lärmarme Produkte** ¶
> – Unterbringung von Drucker oder Kopierer in **separaten Räumen** ¶
> – **lärmdämmende Materialien** für Böden, Decken und Wände ¶
> – **schallisolierende Unterlagen oder Schallschutzhauben** ¶
> – **schallabsorbierende Stell- und Trennwände**. ¶
> ¶

■ Den Text speichert sie unter **Lärm – formatiert** mit **Autorenkorrektur**.

Die schnelle Formatierung über die Tastatur findet Finya sehr hilfreich. Sie belastet beide Hände und beugt auch dem Mausarm vor. Nun möchte Finya sich noch die Möglichkeiten der Zeilenabstände innerhalb eines Absatzes genauer ansehen.

■ Dazu klickt sie zunächst auf der *Registerkarte* Start in der *Gruppe* Absatz auf den Listenpfeil des Icons **Zeilenabstand**.

■ Sie stellt den Cursor in den **zweiten** Absatz und probiert alle angebotenen Zeilenabstände aus.

■ Da der Abstand des Absatzes nach vorne jedoch nicht vergrößert wird, ist Finya mit dem Ergebnis überhaupt nicht zufrieden und stellt den einzeiligen Zeilenabstand wieder her.

■ Über den Befehl **Zeilenabstandsoptionen** gelangt Finya in das *Dialogfeld* Absatz. Die *Registerkarte* Einzüge und Abstände ist im Vordergrund. Diese Registerkarte ist ihr bereits aus früheren Absatzformatierungen bekannt. Neben der Möglichkeit, den Zeilenabstand festzulegen, kann auch der Abstand zu dem vorherigen Absatz und dem nachfolgenden Absatz vergrößert werden.

■ Finya formatiert den Zeilenabstand des **zweiten** Absatzes des Textes **doppelt** und trägt als **Abstand vor: 24 pt** ein, weil ihr die Kollegin erklärt hat, dass 12 pt (Punkte) mit einzeiligem Zeilenabstand identisch sind.

Situation 3 – Grundlagen

- Den vierten Absatz formatiert Finya mit **1,5-zeiligem** Abstand und benutzt bei **Abstand vor: 18 pt**, weil 18 pt mit 1,5-zeiligem Abstand identisch sind.

- Das Ergebnis gefällt ihr. Zur besseren Übersicht **nummeriert** sie die sechs Absätze und formatiert die Überschrift in Schriftgrad 18, Schriftart Georgia, in Großbuchstaben und in Rot.

- Bevor Finya den Text druckt, verändert sie den **rechten Seitenrand** auf **2,5 cm**, führt die manuelle **Silbentrennung** durch, **speichert** den Text unter dem Dateinamen **Lärm – Zeilenabstand** und **druckt** ihn.

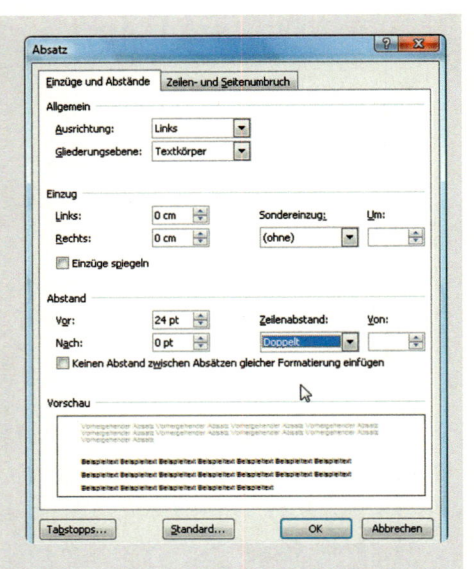

Von ihrer Kollegin erfährt Finya, dass es auch die Möglichkeit gibt, **Zeilenabstände** über **Shortcuts** einzurichten. Diese schnelle Formatierung greift auf den Absatz der Cursorposition zu, kann aber den **Abstand Vor:** nicht verändern.

Aufgabe

- Shortcuts hält Finya für praktisch und zeitsparend. Daher erstellt sie sich eine kleine Liste, öffnet den gespeicherten Text über **Arbeitsplatzgestaltung mit Absatzformatierung** und probiert die Shortcuts aus. Für die Zahlen muss sie die Ziffernreihe verwenden.

Strg + 1	einzeiliger Zeilenabstand
Strg + 5	1 ½-zeiliger Zeilenabstand
Strg + 2	doppelter Zeilenabstand
Strg + 0	Zeilenabstand vor: 12 pt

- Ohne die Änderungen zu speichern, schließt sie den Text und beendet die Arbeitssitzung.

LÖSUNG

SPORTLINE KG – Lärm
Finya, heutiges Datum

LÄRM

1. Lärm im Büro wird immer wieder als einer der häufigsten Störfaktoren bei der täglichen Arbeit genannt, denn Büroarbeit verlangt geistige **Konzentration**. Jeder **zweite** Mitarbeiter fühlt sich durch das im Büro herrschende Lärmumfeld beeinträchtigt. Lärm führt zu psychischer Belastung und Stress. Lärm kann krank machen.

2. Als besonders beeinträchtigend hat sich bei anspruchsvollen Tätigkeiten das unfreiwillige Mithören von Gesprächen herausgestellt. Das **"Weghören wollen"** löst erhebliche Stressreaktionen aus.

3. Auch **Bürogeräte** produzieren Geräusche und Lärm. Diese können ebenfalls die **Konzentrationsfähigkeit** und das Leistungsvermögen von Beschäftigten beeinträchtigen.

4. Der **Lärmgrenzwert** wird in **dB** (dezibel) gemessen. Das **Bel** (B) ist eine nach Alexander Graham Bell benannte Hilfsmaßeinheit zur Kennzeichnung von Pegeln und Maßen. Der gemessene Schalldruckpegel in dB gibt an, wie laut das Geräusch bzw. der Schall von menschlichen Ohren empfunden wird.

5. Anzustreben ist ein Schalldruckpegel von **maximal 55 dB** bei **vorwiegend geistigen Tätigkeiten.**

6. Lärm lässt sich reduzieren durch

    - **lärmarme Produkte**
    - Unterbringung von Drucker oder Kopierer in **separaten Räumen**
    - **lärmdämmende Materialien** für Böden, Decken und Wände
    - **schallisolierende Unterlagen oder Schallschutzhauben**
    - schallabsorbierende **Stell- und Trennwände**.

21.2 Rahmen und Schattierung

> Finya hat sich mit dem Thema **Arbeitsplatzbeleuchtung** befasst und gelesen, dass bereits 1990 eine EU-Richtlinie für Bildschirm-Arbeitsplätze herausgegeben wurde, die sich auch mit der Beleuchtung am Arbeitsplatz beschäftigt.

- Finya fasst ihre Recherchen über das Licht am Arbeitsplatz in einem neuen Dokument zusammen. Sie schreibt die Überschrift und schlägt zwei Returns an. Danach **speichert** sie den Text unter dem Dateinamen **Licht am Arbeitsplatz – formlos**.

- Bei der Texteingabe verwendet sie wieder den Shortcut [Strg] + 0 und kontrolliert, ob vor dem letzten Returnzeichen eine Zeile eingefügt wurde.

- Die Absätze fügt sie wie abgebildet ein.

Licht am Arbeitsplatz

Die Beleuchtung am Arbeitsplatz, sei es mit Tageslicht oder künstlichem Licht, hat direkten Einfluss auf das Wohlbefinden und die Gesundheit der Beschäftigten.

Bei falscher oder schlechter Beleuchtung ermüden die Augen, Kopfschmerzen und Unlust sind die daraus resultierenden Folgen.

Das natürliche Sonnenlicht ist für die Gesundheit und das Wohlbefinden des Menschen unerlässlich; daher sollte der Schreibtisch nach Möglichkeit direkt in der Nähe des Fensters platziert sein. Kunstlicht ist kein gleichwertiger Ersatz.

Es sollte selbstverständlich sein, dass das Tageslicht bei Rechtshändern von links und bei Linkshändern von rechts einfällt, um den Schatten der schreibenden Hand auf dem Papier zu vermeiden. Natürlich reicht das Tageslicht nicht immer aus. Spätestens am Abend sorgt dann eine verstell- und schwenkbare Arbeitstischleuchte für das richtige Licht.

Forderungen an einen richtig ausgeleuchteten Arbeitsplatz:

Die Beleuchtung richtet sich nach der Art der Tätigkeit (Lesen, Bildschirmarbeit, Zeichenbrett usw.)

Die Beleuchtungsstärke sollte mindestens 500 Lux (Lux = Einheit für die Beleuchtungsstärke) betragen.

Die Arbeitsfläche eines Schreibtisches sollte gleichmäßig und hell ausgeleuchtet sein.

Am Bildschirmarbeitsplatz müssen die Leuchten so angebracht sein, dass von ihnen keine Blendwirkung ausgehen kann und Reflexionen und Spiegelungen auf dem Bildschirm vermieden werden.

Die Leuchtmittel dürfen nicht flimmern.

Beleuchtungssysteme aus indirektem Raumlicht und direkter Arbeitsplatzbeleuchtung führen zu einer optimalen Ausleuchtung am Bildschirmarbeitsplatz. Der Fachmann spricht hierbei von einer 2-Komponenten-Beleuchtung.

- Die **fünf Forderungen** an einen richtig ausgeleuchteten Arbeitsplatz versieht Finya mit **Aufzählungszeichen** und **unterstreicht** die wichtigsten Begriffe.

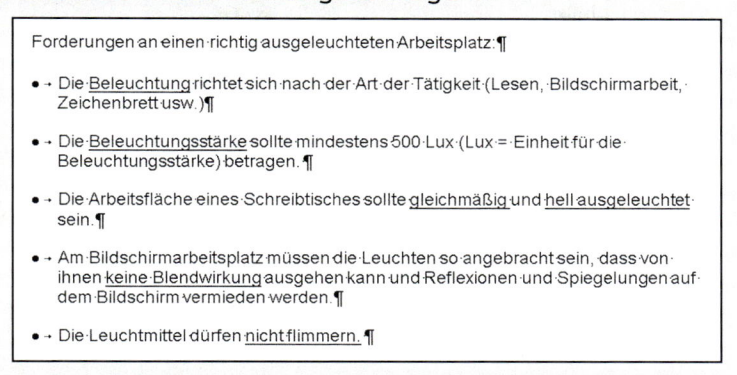

> Forderungen an einen richtig ausgeleuchteten Arbeitsplatz:¶
>
> • → Die Beleuchtung richtet sich nach der Art der Tätigkeit (Lesen, Bildschirmarbeit, Zeichenbrett usw.)¶
>
> • → Die Beleuchtungsstärke sollte mindestens 500 Lux (Lux = Einheit für die Beleuchtungsstärke) betragen. ¶
>
> • → Die Arbeitsfläche eines Schreibtisches sollte gleichmäßig und hell ausgeleuchtet sein.¶
>
> • → Am Bildschirmarbeitsplatz müssen die Leuchten so angebracht sein, dass von ihnen keine Blendwirkung ausgehen kann und Reflexionen und Spiegelungen auf dem Bildschirm vermieden werden.¶
>
> • → Die Leuchtmittel dürfen nicht flimmern. ¶

- Finya führt die **Rechtschreibprüfung** und die Silbentrennung durch. Den Text speichert sie erneut unter dem gleichen Dateinamen.

Finya möchte sich auf der *Registerkarte* Start in der *Gruppe* Absatz mit dem letzten Icon **Rahmenlinien** vertraut machen, da sie alle anderen Icons bereits kennt.

- Finya stellt den Cursor in den dritten Absatz und öffnet über den Listenpfeil des Icons **Rahmenlinien** die Auswahlmöglichkeiten.

- Sie klickt auf den **ersten** Befehl und erkennt, dass der Absatz, in dem sich der Cursor befindet, eine **Rahmenlinie unten** erhält.

- Durch Anklicken der **nächsten drei** Befehle hat der Absatz einen Rahmen.

- Beim Anklicken des Befehls **Kein Rahmen** werden alle vier Linien wieder entfernt.

- Die Überschrift formatiert Finya im Schriftgrad **16 pt**, Farbe **Orange**, Schriftart **Comic Sans MS**, Schriftschnitt **fett** und mit **Großbuchstaben**.

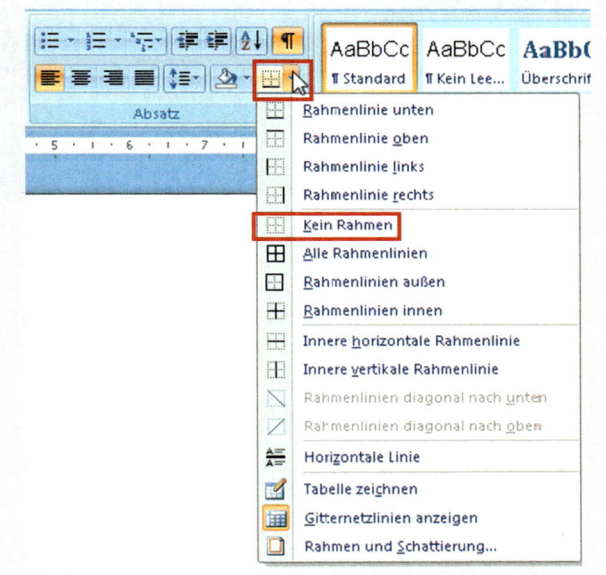

- Weiterhin wählt sie den Befehl **Rahmenlinien außen** und **zentriert** den Text.

Die Kollegin erklärt Finya, dass einige Befehle in diesem Pull-down-Menü nicht im Textbereich, sondern erst bei Tabellen wirksam eingesetzt werden können.

- Finya prüft, ob der Cursor noch in der Überschrift des Textes steht. Sie klickt auf den Listenpfeil des Icons **Rahmenlinien** 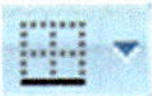 und wählt den Befehl **Rahmen und Schattierung...**, der das gleichnamige Dialogfeld öffnet.

- Finya aktiviert das Icon **Schattiert**.

Situation 3 – Grundlagen

- Sie erkennt an der Vorschau im rechten Bereich des Dialogfeldes, was schattiert bedeutet: *Die rechte und untere Linie des Rahmens erhalten einen Schatten.*

- Bei **Breite**: wählt sie über den Listenpfeil die Strichstärke 2¼ pt und sieht so den Schatten noch deutlicher. Mit **OK** bestätigt sie die Formatierungen.

- Die **Überschrift** der fünf Aufzählungspunkte versieht sie in dem gleichen Dialogfeld über das Icon **Kontur** mit einem Rahmen.

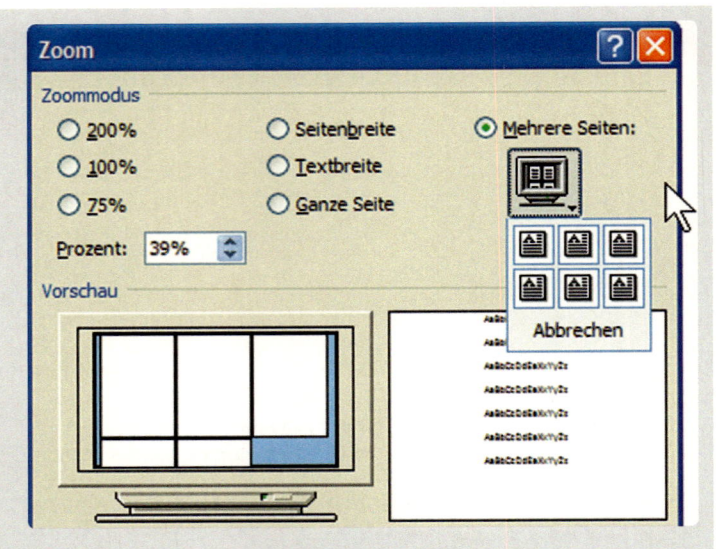

- Über den Listenpfeil bei **Farbe**: weist sie dem Rahmen die Farbe **Sonnengelb** zu.

- Damit die Farbe gut zur Geltung kommt, wählt sie eine Linienbreite von **1½ pt** und bestätigt mit **OK**.

Bei ihren Internetrecherchen ist Finya aufgefallen, dass viele Textstellen farbig hinterlegt sind, um die Aufmerksamkeit der User auf wesentliche Inhalte zu lenken. Das möchte Finya auch mit den Aufzählungspunkten der Forderungen an einem richtig ausgeleuchteten Arbeitsplatz tun.

- Finya holt die *Registerkarte* Schattierung des Dialogfeldes Rahmen und Schattierung in den Vordergrund und weist jedem Absatz der Aufzählung eine andere Hintergrundfarbe zu.

- Dabei achtet sie darauf, dass die Hintergrundfarbe nicht zu dunkel wird, damit die Schrift auch beim Ausdruck noch gut lesbar ist.

- Die Formatierungen des Dokumentes **speichert** sie unter dem gleichen Dateinamen.

- Bevor Finya das Dialogfeld schließt, klickt sie auf die *Registerkarte* Seitenrand und den Listenpfeil bei **Effekte**. Über die Vielfalt der farbigen und einfarbigen Ornamente ist Finya erstaunt.

- Sie klickt auf ein Ornament und erkennt an der Vorschau, dass dieser Effekt den Seitenrand eines A4-Blattes füllt. Sie entscheidet sich gegen eine Anwendung in diesem Text, da ihr diese Umrandung als zu unruhig und zu wenig kaufmännisch vorkommt. Sie merkt sich aber diese Art der Formatierung für ihre nächste Geburtstagseinladung.

- Finya **speichert** den Text unter dem Dateinamen **Licht am Arbeitsplatz – formatiert**, schließt das Dokument und beendet die Arbeitssitzung.

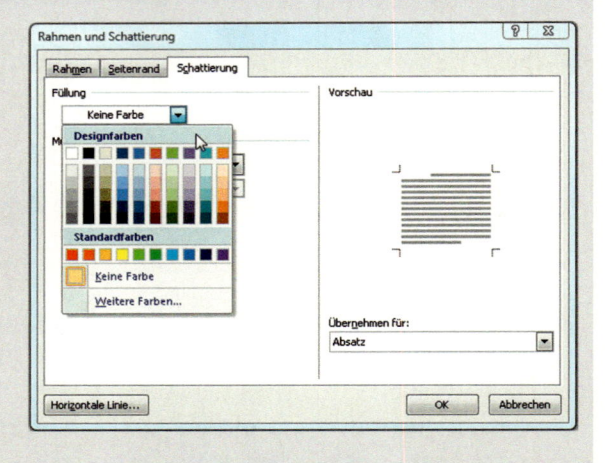

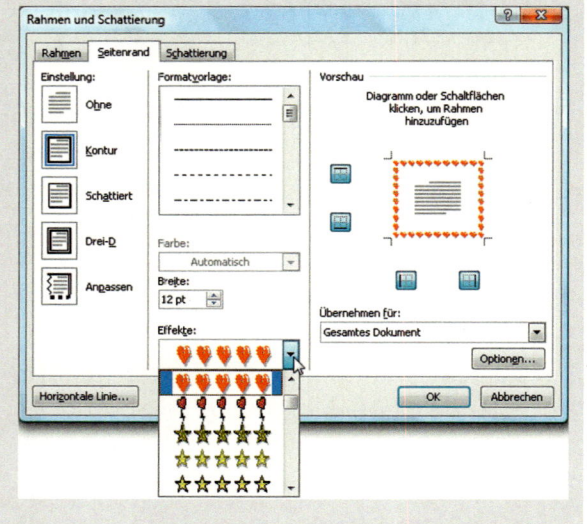

LÖSUNG

SPORTLINE KG – Licht am Arbeitsplatz
Finya, heutiges Datum

LICHT AM ARBEITSPLATZ

Die Beleuchtung am Arbeitsplatz, sei es mit Tageslicht oder künstlichem Licht, hat direkten Einfluss auf das Wohlbefinden und die Gesundheit der Beschäftigten.

Bei falscher oder schlechter Beleuchtung ermüden die Augen, Kopfschmerzen und Unlust sind die daraus resultierenden Folgen.

Das natürliche Sonnenlicht ist für die Gesundheit und da Wohlbefinden des Menschen unerlässlich; daher sollte der Schreibtisch nach Möglichkeit direkt in der Nähe des Fensters platziert sein. Kunstlicht ist kein gleichwertiger Ersatz.

Es sollte selbstverständlich sein, dass das Tageslicht bei Rechtshändern von links und bei Linkshändern von rechts einfällt, um den Schatten der schreibenden Hand auf dem Papier zu vermeiden. Natürlich reicht das Tageslicht nicht immer aus. Spätestens am Abend sorgt dann eine verstell- und schwenkbare Arbeitstischleuchte für das richtige Licht.

Forderungen an einen richtig ausgeleuchteten Arbeitsplatz:

- Die <u>Beleuchtung</u> richtet sich nach der Art der Tätigkeit (Lesen, Bildschirmarbeit, Zeichenbrett usw.)

- Die <u>Beleuchtungsstärke</u> sollte mindestens 500 Lux (Lux = Einheit für die Beleuchtungsstärke) betragen.

- Die Arbeitsfläche eines Schreibtisches sollte <u>gleichmäßig</u> und <u>hell ausgeleuchtet</u> sein.

- Am Bildschirmarbeitsplatz müssen die Leuchten so angebracht sein, dass von ihnen <u>keine Blendwirkung</u> ausgehen kann und Reflexionen und Spiegelungen auf dem Bildschirm vermieden werden.

- Die Leuchtmittel dürfen <u>nicht flimmern.</u>

Beleuchtungssysteme aus indirektem Raumlicht und direkter Arbeitsplatzbeleuchtung führen zu einer optimalen Ausleuchtung am Bildschirmarbeitsplatz. Der Fachmann spricht hierbei von einer 2-Komponenten-Beleuchtung.

Situation 3 – Grundlagen

22 Kopf- und Fußzeile

> Bisher hat Finya bei der Erstellung ihrer Texte am Anfang der Seite immer wieder die gleichen Informationen eingegeben: Firmenname und Thema in einer Zeile, darunter ihren Namen und das Datum.
>
> Die Kollegin erklärt Finya, dass sie sich diese immer wiederkehrende Tätigkeit durch das Erstellen einer Kopf- und Fußzeile erleichtern kann. Außerdem sei dann auch die Formatierung der Angaben einheitlich.

- Finya möchte das Erstellen von Kopf- und Fußzeilen ausprobieren und öffnet ein **neues Dokument**.

- Auf der *Registerkarte* Einfügen sieht sie die *Gruppe* Kopf- und Fußzeile und klickt auf das Icon **Kopfzeile**.

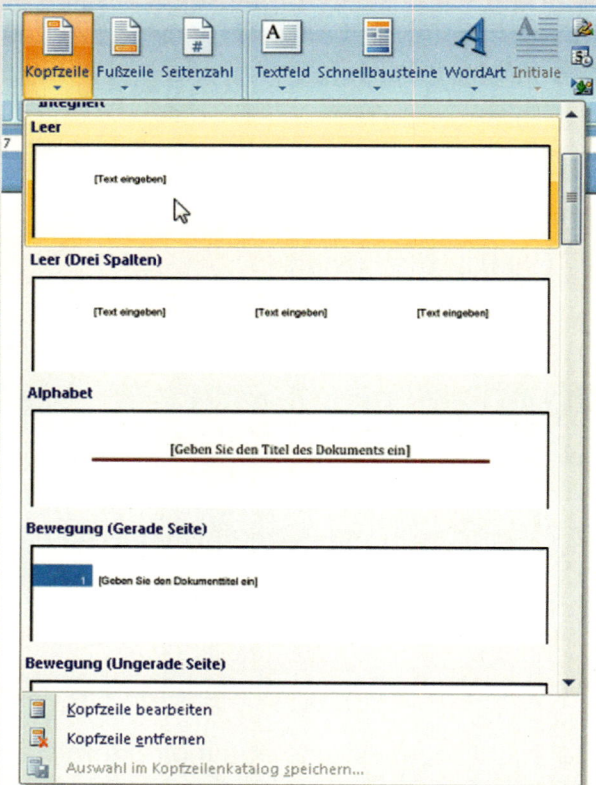

- Sie schaut sich die aufgelisteten Möglichkeiten der Gestaltung von Kopfzeilen an und **entscheidet** sich für die Benutzung des Vorschlags **leere Kopfzeile**, damit sie den Text individuell gestalten kann.

- Durch einen Klick wird in dem Dokument die Kopfzeile geöffnet.

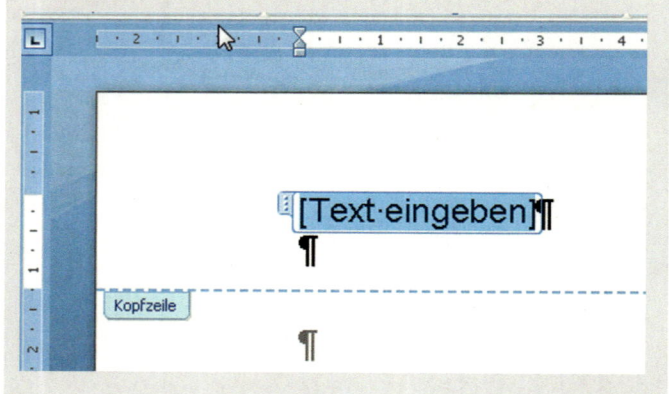

Eine gestrichelte Linie trennt die Kopfzeile vom Textbereich ab, sodass gut zu erkennen ist, dass sich die Kopfzeile im oberen Randbereich des Blattes befindet. Gleichzeitig informiert die Beschriftung **Kopfzeile** darüber, dass der Cursor in der Kopfzeile steht.

Unterhalb der Kopfzeile sieht sie das Returnzeichen des Textbereichs, das jedoch inaktiv (hellgrau) dargestellt ist.

Außerdem hat sich die Multifunktionsleiste verändert. In der *Titelleiste* sieht Finya den Begriff **Kopf- und Fußzeilentools** und darunter die *Registerkarte* **Entwurf**. Auf dieser Registerkarte stehen ihr vielfältige zusätzliche Optionen zur Verfügung. Diese will sie später noch im Einzelnen ausprobieren.

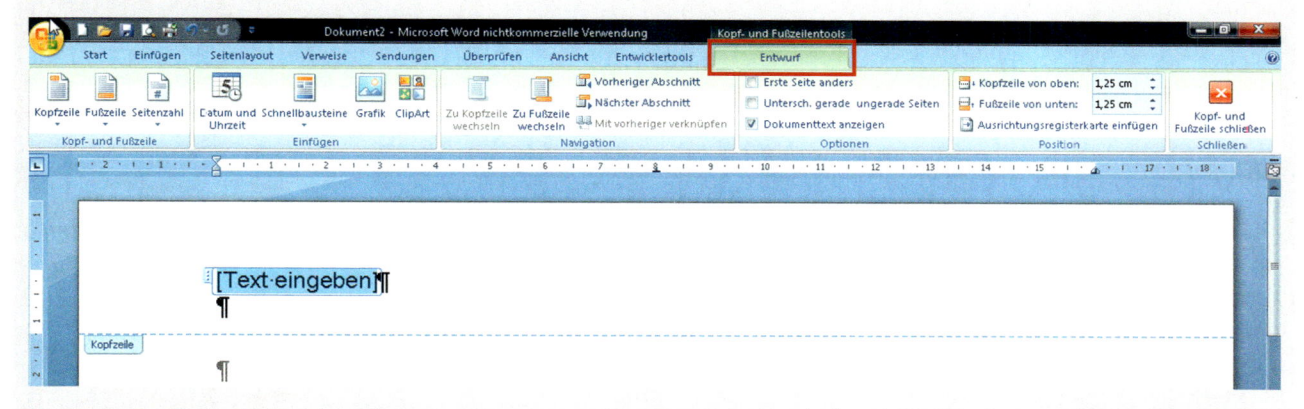

- Finya überschreibt die markierte Stelle in der Kopfzeile mit dem Firmennamen **SPORTLINE KG – Neugestaltung der Büroarbeitsplätze**. Den Firmennamen formatiert sie in der Schriftart **Century**, Schriftgrad **18 pt**, **Fettdruck**, Farbe **Blau** mit **Großbuchstaben**. Den Sachverhalt formatiert sie im Schriftgrad **16 pt** und ebenfalls in **Blau**.

- Sie schlägt einen Return an, markiert das eingefügte **Returnzeichen** und formatiert es mit dem Schriftgrad **6 pt**, damit der Abstand nicht zu groß wird.

- Über das Dialogfeld **Rahmen und Schattierung** wählt sie eine **Linienbreite** von 1½ pt, die gleiche blaue **Farbe** wie bei dem Schriftzug und klickt dann in der Vorschau auf die Stelle für eine **Rahmenlinie unten**. Sie bestätigt die Formatierung mit **OK**.

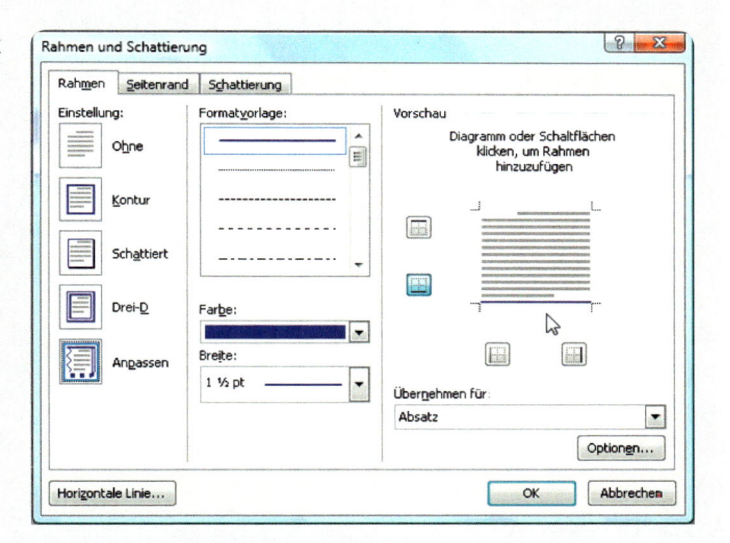

- Das Ergebnis gefällt ihr.

- Auf der *Registerkarte* **Entwurf** in der *Gruppe* **Navigation** klickt Finya auf das Icon **Zur Fußzeile wechseln**.

Situation 3 – Grundlagen

- Die Fußzeile wird im unteren Blattrand durch eine gestrichelte Linie und die Beschriftung **Fußzeile** angezeigt. Der Cursor befindet sich in der Fußzeile.

- Finya will den Copyright-Vermerk und ihren Namen linksbündig eingeben. Sie schlägt die öffnende Klammer, den Buchstaben **c** und die schließende Klammer an und bemerkt, dass die in Word vorhandene Funktion **AutoKorrektur-Optionen** die drei Zeichen in das Copyright-Zeichen © verändert. Finya fügt ein Leerzeichen ein und setzt ihren Namen daneben.

- Rechts möchte Finya das aktuelle Tagesdatum in der Europa-Norm eingeben und schlägt zweimal die Tab-Taste an.

- Finya klickt auf der *Registerkarte* Entwurf in der *Gruppe* Einfügen auf das Icon **Datum und Uhrzeit** und markiert die Europanorm **Jahr-Monat-Tag** des Datums.

- Sie achtet darauf, dass das Kontrollkästchen für das **automatische Aktualisieren** des Tagesdatums aktiv ist, und bestätigt die Eingabe mit **OK**.

- Finya formatiert die Eingaben in der Fußzeile mit der Schriftart **Arial** und dem Schriftgrad **10 pt**.

- Sie fügt noch eine **blaue Rahmenlinie oberhalb** des Fußzeilentextes ein. Um auch hier den Abstand etwas zu vergrößern, fügt sie vor den Text ein **Returnzeichen** ein, das sie mit Schriftgröße **6 pt** formatiert.

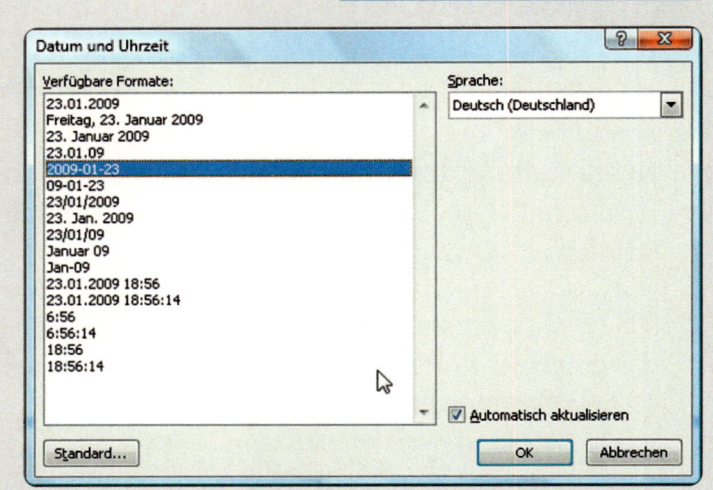

- Mit einem Doppelklick auf den Textbereich verlässt Finya die Fußzeile und speichert das Dokument mit dem Dateinamen **Muster – Kopf- und Fußzeile**. Sie **druckt** ein Exemplar der Seite.

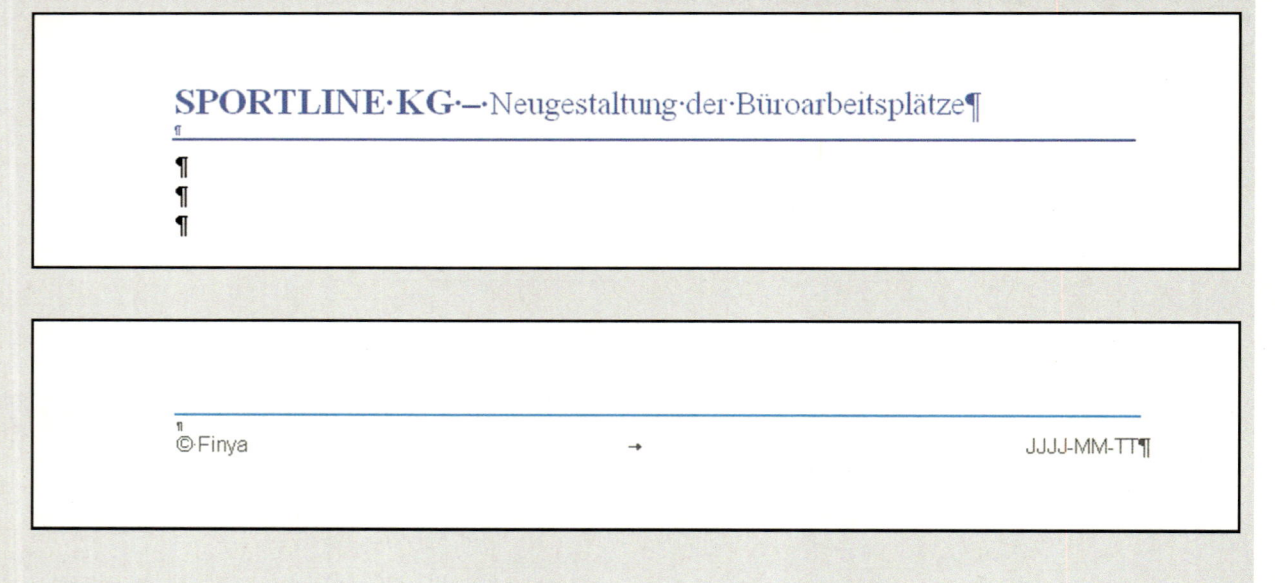

Situation 3 – Grundlagen

Die erstellte Kopf- und Fußzeile gefällt Finya und ihrer Kollegin so gut, dass sie beschließen, diese im Katalog für Kopf- und Fußzeilen zu speichern, damit sie für zukünftige Dokumente verwendet werden kann.

- Finya öffnet im Dokument **Muster – Kopf- und Fußzeile** die Kopfzeile mit einem Doppelklick im Bereich der Kopfzeile.

- Sie markiert den Text, die Returnzeichen und die Linie in der Kopfzeile. Über die *Registerkarte* Einfügen in der *Gruppe* Kopf- und Fußzeile öffnet sie das Pull-down-Menü der Kopfzeile.

- Sie klickt auf den Befehl **Auswahl im Kopfzeilenkatalog speichern**.

- In dem sich öffnenden *Dialogfeld* Neuen Baustein erstellen bestätigt sie die vorgegebenen Eintragungen mit **OK**.

- Finya schließt die Kopfzeile mit einem Doppelklick auf den Textbereich des Dokuments.

- Zur Kontrolle öffnet Finya erneut das Pull-down-Menü der Kopfzeile und sieht an erster Position die von ihr erstellte Kopfzeile.

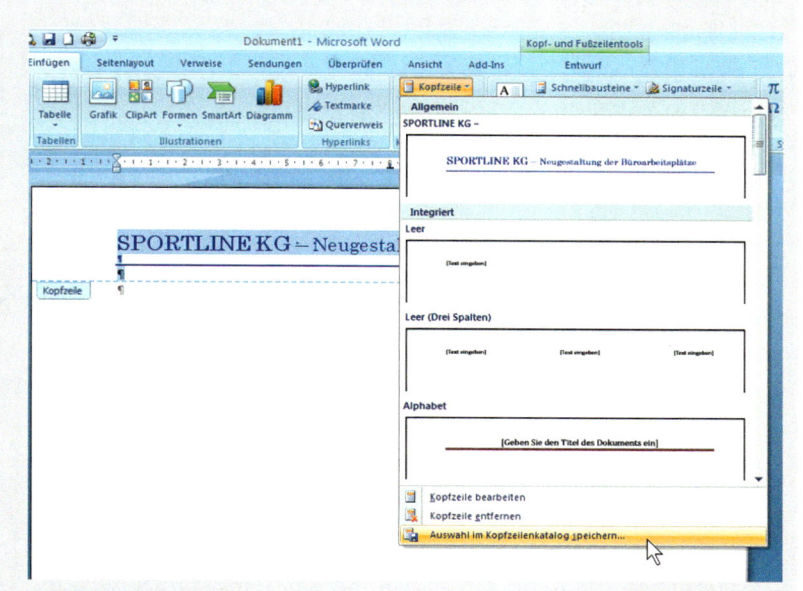

Finya möchte nun die Fußzeile im Fußzeilenkatalog speichern, damit auch diese für zukünftige Dokumente schnell zur Verfügung steht. Dabei geht sie wie bei der Kopfzeile vor.

- Im Dokument **Muster Kopf- und Fußzeile** öffnet sie die Fußzeile mit einem Doppelklick.

- Sie markiert die komplette Fußzeile und öffnet über die *Registerkarte* Einfügen in der *Gruppe* Kopf- und Fußzeile das Pull-down-Menü der Fußzeile.

- Sie klickt auf den Befehl **Auswahl im Fußzeilenkatalog speichern**.

- Das *Dialogfeld* Neuen Baustein erstellen bietet ihr diesmal keinen Namen an, da das erste Zeichen der Fußzeile nicht aus Text, sondern aus einem Return-Zeichen besteht.

- Finya schreibt in das leere Feld **Name**: SPORTLINE KG

Situation 3 – Grundlagen

- Sie bestätigt die Eintragungen mit **OK**.

- Zur Kontrolle öffnet Finya erneut das Pulldown-Menü der Fußzeile und sieht an erster Position die von ihr erstellte Fußzeile.

- Finya **schließt** das Dokument Kopf- und Fußzeile.

Von den Vorteilen, Kopf- und Fußzeilen in einem Katalog zu speichern, ist Finya begeistert. Nun braucht sie nicht mehr zu überlegen, ob sie an alle Angaben für zukünftige Dokumente gedacht hat, ob diese einheitlich formatiert sind und ob sie an den richtigen Positionen stehen. Durch die identische Gestaltung der Kopf- und Fußzeile gewinnen ihre Dokumente an Professionalität.

Die gespeicherte Kopf- und Fußzeile will Finya auf alle bisher erstellen Seiten, die für die nächste Besprechung vorgesehen sind, übertragen.

- Finya öffnet zunächst das zuletzt erstellte Dokument **Licht am Arbeitsplatz – formatiert**.

- Sie **entfernt** die Beschriftung

  SPORTLINE KG – Licht am Arbeitsplatz, ihren Namen und das Datum.

- Über die *Registerkarte* Einfügen in der *Gruppe* Kopf- und Fußzeile wählt Finya das Icon **Kopfzeile** und klickt auf die von ihr erstellte Kopfzeile SPORTLINE KG, die sogleich in ihr Dokument eingefügt wird.

- Finya geht in der *Gruppe* Navigation über das ihr bekannte Icon **Zur Fußzeile wechseln** in die Fußzeile, öffnet das Pull-down-Menü der Fußzeile und klickt die von ihr erstellte Fußzeile der SPORTLINE KG an, die sofort eingefügt wird.

- Sie klickt auf das rote Icon für **Kopf- und Fußzeile schließen** der *Registerkarte* Entwurf und gelangt damit in den Textbereich des Dokumentes.

- Das mit der Kopf- und Fußzeile versehene Dokument speichert sie unter dem Dateinamen **Licht am Arbeitsplatz – formatiert – Kopf- und Fußzeile**.

SPORTLINE KG

LICHT AM ARBEITSPLATZ

Die Beleuchtung am Arbeitsplatz, sei es mit Tageslicht oder künstlichem Licht, hat direkten Einfluss auf das Wohlbefinden und die Gesundheit der Beschäftigten.

Bei falscher oder schlechter Beleuchtung ermüden die Augen, Kopfschmerzen und Unlust sind die daraus resultierenden Folgen.

Das natürliche Sonnenlicht ist für die Gesundheit und da Wohlbefinden des Menschen unerlässlich; daher sollte der Schreibtisch nach Möglichkeit direkt in der Nähe des Fensters platziert sein. Kunstlicht ist kein gleichwertiger Ersatz.

Es sollte selbstverständlich sein, dass das Tageslicht bei Rechtshändern von links und bei Linkshändern von rechts einfällt, um den Schatten der schreibenden Hand auf dem Papier zu vermeiden. Natürlich reicht das Tageslicht nicht immer aus. Spätestens am Abend sorgt dann eine verstell- und schwenkbare Arbeitstischleuchte für das richtige Licht.

Forderungen an einen richtig ausgeleuchteten Arbeitsplatz:

- Die Beleuchtung richtet sich nach der Art der Tätigkeit (Lesen, Bildschirmarbeit, Zeichenbrett usw.)
- Die Beleuchtungsstärke sollte mindestens 500 Lux (Lux = Einheit für die Beleuchtungsstärke) betragen.
- Die Arbeitsfläche eines Schreibtisches sollte gleichmäßig und hell ausgeleuchtet sein.
- Am Bildschirmarbeitsplatz müssen die Leuchten so angebracht sein, dass von ihnen keine Blendwirkung ausgehen kann und Reflexionen und Spiegelungen auf dem Bildschirm vermieden werden.
- Die Leuchtmittel dürfen nicht flimmern.

Beleuchtungssysteme aus indirektem Raumlicht und direkter Arbeitsplatzbeleuchtung führen zu einer optimalen Ausleuchtung am Bildschirmarbeitsplatz. Der Fachmann spricht hierbei von einer 2-Komponenten-Beleuchtung.

© Finya   2009-07-08

■ Die schnelle Möglichkeit, die Texte auch nachträglich einheitlich zu gestalten, veranlasst Finya, die Kopf- und Fußzeile sogleich auch auf alle bisher erstellten Texte zu übertragen.

Arbeitsplatzgestaltung	Computermaus
Feng Shui am Arbeitsplatz	Tastatur
Monitor	Drucker
Klima im Büro	Lärm

Das lernen Sie in der Situation 4

Text: Checkliste Arbeitsstuhl

→ Text gliedern und formatieren
→ Grafik einfügen, platzieren und formatieren
→ Text in Spalten
→ Text mit Aufzählungszeichen versehen
→ Initiale erzeugen
→ Deckblatt auswählen
→ Deckblatt mit Titel und Firmennamen versehen
→ Mit Gruppierung arbeiten
→ Abschlussseite erstellen und gestalten
→ Besprechungsmappe binden
→ Ergebnis vortragen

23 Situation 4

Von dem vielfältigen Angebot an Arbeitsstühlen ist Finya überwältigt. Welcher Stuhl ist für die Mitarbeiter der richtige? Außerdem ist zu beachten, dass ein vorgegebener Kostenrahmen nicht überschritten werden darf. Daher muss sorgfältig überlegt werden, welche grundsätzlichen Voraussetzungen ein solcher Stuhl haben soll, um gesundes Sitzen und ermüdungsfreies Arbeiten zu ermöglichen.

■ Finya öffnet ein neues Dokument, fügt die im Kopfzeilenkatalog gespeicherte **Kopf- und Fußzeile** ein und erfasst die zusammengetragenen Inhalte über die Anforderungen an den Arbeitsstuhl **formlos** und **speichert** ihn unter dem Dateinamen **Arbeitsstuhl – formlos**.

Arbeitsstuhl
Büroarbeit wird überwiegend im Sitzen erledigt. Voraussetzung für gesundes und effizientes Arbeiten ist ein ergonomischer Stuhl. Für entspanntes Sitzen spielen unterschiedliche Formen und Ausstattungen eine große Rolle. Doch welcher Stuhl ist der richtige? Die Auswahl an Bürostühlen ist groß und richtet sich nach den Bedürfnissen der Arbeitnehmer, der Verwendung und den finanziellen Möglichkeiten. Dem ergonomisch richtig gestalteten Arbeitsstuhl kommt daher eine besondere Bedeutung zu. Beim Arbeitsstuhl wird unter Berücksichtigung seiner Verwendung unterschieden, z. B. Bürodrehstuhl, Konferenzstuhl, Stuhl für den Schulungsraum, Stühle mit und ohne Armlehnen. Richtiges Sitzen will gelernt sein. Falsches und zu langes Sitzen kann zu vorzeitiger Ermüdung, Rücken- und Muskelschmerzen führen. Formgebung und Funktionalität des Arbeitsstuhls sollen daher den ergonomischen Anforderungen gerecht werden. So passt sich beispielsweise eine zweigeteilte Rückenlehne jeder Bewegung des Rückens an. Der Arbeitsstuhl darf den Menschen nicht einengen, sondern muss wechselnde Sitzpositionen erlauben und die Wirbelsäule im Lendenwirbelbereich abstützen. Ein Wechsel der dynamischen und statischen Sitzhaltung entlastet die Bandscheiben. Auch sollten Tätigkeiten – wann immer dies möglich ist – im Stehen ausgeführt werden. Um Gefahren der Gesundheit abzuwehren, sollte der Arbeitsstuhl sorgfältig ausgewählt werden. Ein „Probesitzen" am Arbeitsplatz kann die Entscheidung erleichtern und damit ein entspanntes und richtiges Sitzen gewährleisten.

Richtige Sitzhaltung:
Aufrecht und locker
Rückenlehne ausnutzen
Stuhlfläche voll ausfüllen
Dynamische Sitzhaltung nutzen
Lockere Haltung der Arme mit leichter Fühlung zum Oberkörper
Unterarm und Handgelenk bilden eine waagrechte Linie
Finger liegen locker auf den Tasten

Zu vermeiden sind:

Rundrücken

Bauchbereich an die Tischkante anlehnen

Beine übereinanderschlagen

Starres und langes Sitzen

Angespannte Körperhaltung

Handballen und Handgelenke auflegen

Blick nach oben zum Bildschirm (verkürzter Nacken)

Anforderungen an den Arbeitsstuhl:

Ergonomisch geformte Rückenlehne

Rückenlehne körpergerecht geformt

Rückenlehne individuell einstellbar

Bandscheibenstütze

Stuhlhöhe verstellbar

Sitzfläche gepolstert und vorne abgerundet

Sitzfläche und Neigungswinkel verstellbar

Luftdurchlässiger Bezug – atmungsaktiv

5 Rollen – rutsch- und stolpersicher

GS-Zeichen (Prüfsiegel – geprüfte Sicherheit)

■ Nachdem Finya den Text unter dem gleichen Dateinamen gespeichert hat, gliedert sie diesen in **sechs** sinnvolle **Absätze** und **sichert** den Text erneut.

■ Die **Überschrift** formatiert Finya in **Großbuchstaben**, in der Farbe **Blau**, in **Fettdruck**, im Schriftgrad **20 pt** und stellt zum Text den notwendigen Abstand her.

■ Den **dritten Absatz** formatiert sie wie dargestellt und fügt vor und nach dem Absatz noch zwei Leerzeilen ein.

¶
¶
¶
Beim·Arbeitsstuhl·wird·unter·Berücksichtigung·seiner·Verwendung· unterschieden,·z.·B.¶
¶
➢→ Bürodrehstuhl¶
➢→ Konferenzstuhl¶
➢→ Stuhl·für·den·Schulungsraum¶
➢→ Stühle·mit·und·ohne·Armlehnen¶
¶
¶
¶

23.1 Grafik einfügen und formatieren

■ Mit einer Grafik möchte Finya den Text auflockern. Wie schon beim Text mit der Computermaus will sie mithilfe der Suchmaschine **Googel** und dem Suchwort **Bürostuhl** nach einem geeigneten Bild suchen.

■ Das Angebot an Grafiken in der *Registerkarte* **Bilder** ist groß. Finya wählt einen Bürodrehstuhl aus und kopiert diesen über die Zwischenablage in den Text.

■ Damit der Bürostuhl rechts neben dem Text steht, geht Finya mit der Maus auf die Grafik, drückt die rechte Maustaste und wählt aus dem *Kontextmenü* **Grafik formatieren**.

■ In dem sich öffnenden Dialogfeld holt sie die *Registerkarte* **Layout** in den Vordergrund, wählt den Befehl **Passend** und die Option **Rechts**.

■ Mit **OK** bestätigt Finya die Einstellungen und sieht, dass die Grafik rechts neben dem Text eingefügt wird.

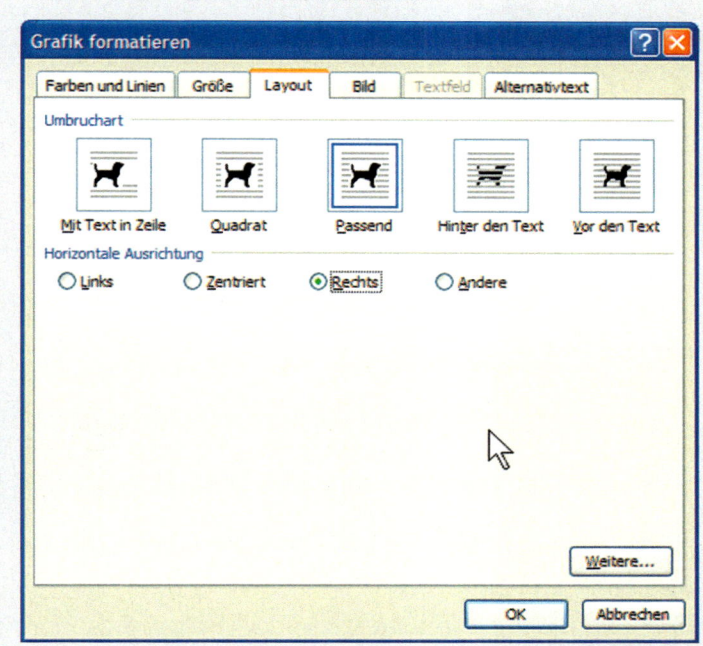

Im Vergleich zum Text findet Finya die Grafik ein wenig zu groß, daher will sie diese etwas verkleinern. Finya weiß, dass Grafiken immer in der Diagonale an den Eckpunkten angefasst werden sollen, damit die Grafik nicht verzerrt wird.

■ Finya klickt in die Grafik, um die Eckpunkte sichtbar zu machen.

■ Mit der Maus geht sie nach oben auf den rechten diagonalen Eckpunkt. Dabei verwandelt sich der Mauszeiger in einen diagonalen Doppelpfeil.

■ Sie hält die linke Maustaste gedrückt, zieht den Doppelpfeil nach links unten und verkleinert so die Grafik.

■ Würde Finya an den diagonalen Eckpunkten den Doppelpfeil nach außen ziehen, könnte sie die Grafik vergrößern.

■ Finya will die Grafik noch ein wenig nach rechts verschieben, um diese perfekt zu positionieren. Dazu geht sie mit der Maus auf die

Grafik. Sofort verwandelt sich der Mauszeiger in ein Fadenkreuz mit vier Pfeilen. Mit gedrückter linker Maustaste kann sie die Grafik in die gewünschte Position verschieben.

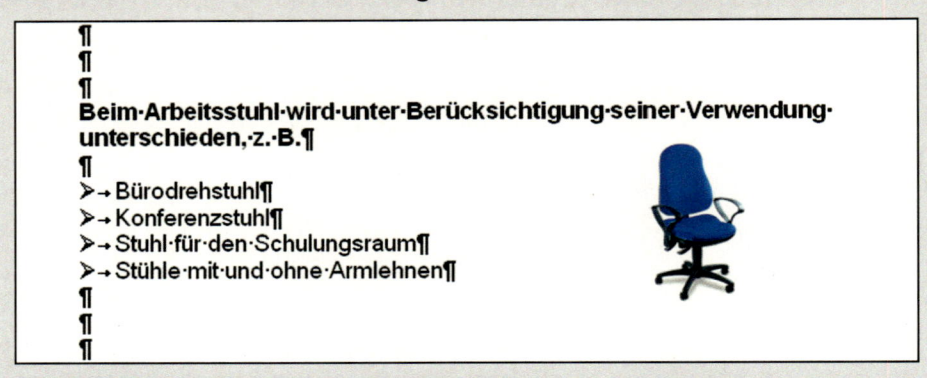

- Wiederum **sichert** Finya den bis jetzt bearbeiteten Text, diesmal über den Dateinamen Arbeitsstuhl – formatiert.

23.2 Text in Spalten setzen

Einen Werbeflyer über Bürostühle fand Finya besonders ansprechend gestaltet. Teilweise wurde der Werbetext in Spalten gesetzt und mit Initialen die Aufmerksamkeit auf bestimmte Textstellen gerichtet. Den Text über den Arbeitsstuhl will Finya ebenso wirkungsvoll gestalten und diese beiden Formatierungen anwenden. Über die Hilfe, welche sie mit der Taste **F1** aufgerufen hat, informiert sie sich über die Vorgehensweise **Text in Spalten zu setzen** und **Initialen** zu erzeugen.

- Finya markiert den **vierten** und **fünften** Absatz und holt die *Registerkarte* Seitenlayout in den Vordergrund.

- In der *Gruppe* Seite einrichten klickt sie auf den Befehl **Spalten** und öffnet das Pull-down-Menü.

- Hier hat Finya die Möglichkeit, mehrere Arten von Spalten auszuwählen. Sie entscheidet sich jedoch für **Weitere Spalten...**, weil das Angebot an Spalten in dem gleichnamigen Dialogfeld umfangreicher ist. Hier kann Finya u. a. auch eine Zwischenlinie einfügen.

- Finya entscheidet sich für **zwei Spalten** und klickt auch das Kontrollkästchen für die **Zwischenlinie** an. Die vorgegebenen Angaben über die Breite und den Abstand zwischen den Spalten verändert sie nicht. Mit **OK** beendet sie die Eingabe.

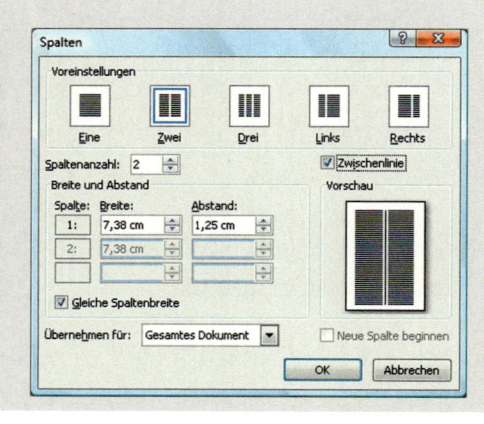

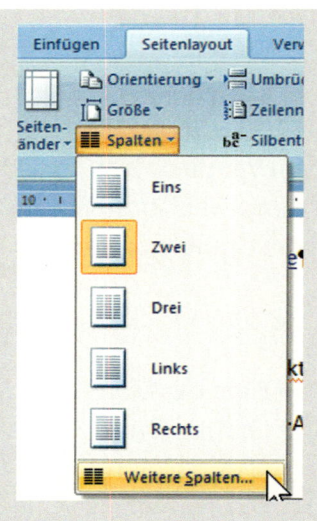

■ Nach dem Abschnittswechsel, den das Programm selbstständig eingefügt hat, **vergrößert** Finya den Abstand durch das Einfügen einer **Leerzeile**.

> Ein Abschnittswechsel ist eine gepunktete doppelte Linie, die das unterschiedliche Formatieren einer Seite erlaubt.

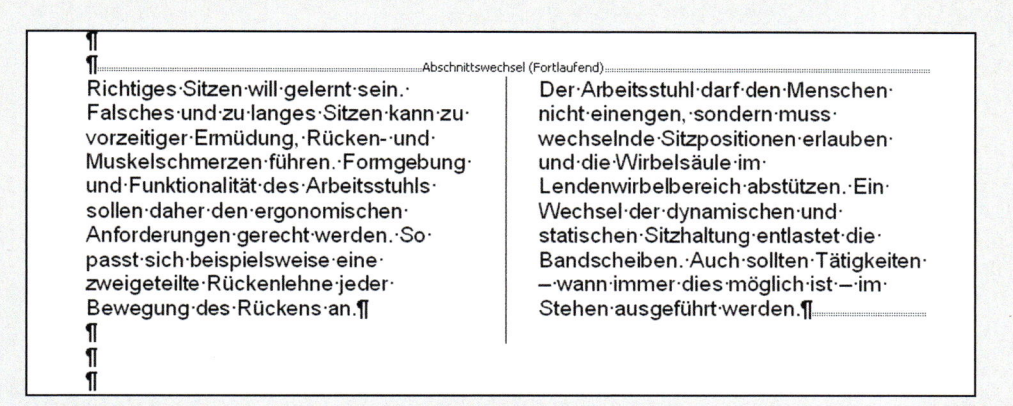

```
¶
¶·······················Abschnittswechsel (Fortlaufend)·······················
Richtiges·Sitzen·will·gelernt·sein.·        Der·Arbeitsstuhl·darf·den·Menschen·
Falsches·und·zu·langes·Sitzen·kann·zu·      nicht·einengen,·sondern·muss·
vorzeitiger·Ermüdung,·Rücken-·und·          wechselnde·Sitzpositionen·erlauben·
Muskelschmerzen·führen.·Formgebung·         und·die·Wirbelsäule·im·
und·Funktionalität·des·Arbeitsstuhls·       Lendenwirbelbereich·abstützen.·Ein·
sollen·daher·den·ergonomischen·             Wechsel·der·dynamischen·und·
Anforderungen·gerecht·werden.·So·           statischen·Sitzhaltung·entlastet·die·
passt·sich·beispielsweise·eine·             Bandscheiben.·Auch·sollten·Tätigkeiten·
zweigeteilte·Rückenlehne·jeder·             –·wann·immer·dies·möglich·ist·–·im·
Bewegung·des·Rückens·an.¶                   Stehen·ausgeführt·werden.¶
¶
¶
¶
```

■ Nach dem Absatz **„Um Gefahren der Gesundheit abzuwehren ..."** fügt sie noch **eine Leerzeile** ein.

Der von Word vorgeschlagene **Seitenumbruch** gefällt Finya nicht. Sie möchte, dass der nachfolgende Text auf der nächsten Seite steht, damit beide Textseiten ausgewogen sind.

■ Mit gedrückter **Strg**-Taste und **Return** führt Finya an der aktuellen Cursorposition einen **manuellen Seitenumbruch** durch.

■ Den Absatz mit den Punkten **Richtige Sitzhaltung:** und **Zu vermeiden ist:** formatiert sie wie folgt und setzt auch diese beiden Absätze in Spalten.

```
¶
¶·······················Abschnittswechsel (Fortlaufend)·······················
¶                                           ¶
Richtige·Sitzhaltung:¶                      Zu·vermeiden·ist:¶
¶                                           ¶
➢→Aufrecht·und·locker¶                      ➢→Rundrücken¶
➢→Rückenlehne·ausnutzen¶                    ➢→Bauchbereich·an·die·Tischkante·
➢→Stuhlfläche·voll·ausfüllen¶                  anlehnen¶
➢→Dynamische·Sitzhaltung·nutzen¶            ➢→Beine·übereinanderschlagen¶
➢→Lockere·Haltung·der·Arme·mit·             ➢→Starres·und·langes·Sitzen¶
   leichter·Fühlung·zum·Oberkörper¶         ➢→Angespannte·Körperhaltung¶
➢→Unterarm·und·Handgelenk·bilden·           ➢→Handballen·und·Handgelenke·
   eine·waagrechte·Linie¶                      auflegen¶
➢→Finger·liegen·locker·auf·den·Tasten¶      ➢→Blick·nach·oben·zum·Bildschirm·
¶                                              (verkürzter·Nacken)¶
¶                                           ¶······Abschnittswechsel (Fortlaufend)······
¶
```

Situation 4 – Grundlagen

- Die Anforderungen an den Arbeitsstuhl möchte Finya als **Checkliste** mit einem **Zeilenabstand** von **1,5 cm** wie dargestellt formatieren und gliedern.

- Bevor Finya weiterarbeitet, **speichert sie** die Formatierungen.

Anforderungen an den Arbeitsstuhl:
- ☐ Ergonomisch geformte Rückenlehne
- ☐ Rückenlehne körpergerecht geformt
- ☐ Rückenlehne individuell einstellbar
- ☐ Bandscheibenstütze
- ☐ Stuhlhöhe verstellbar
- ☐ Sitzfläche gepolstert und vorne abgerundet
- ☐ Sitzfläche und Neigungswinkel verstellbar
- ☐ Luftdurchlässiger Bezug – atmungsaktiv
- ☐ 5 Rollen – rutsch- und stolpersicher
- ☐ GS-Zeichen (Prüfsiegel - geprüfte Sicherheit)

23.3 Initiale erzeugen

Damit der Text noch etwas lebendiger wirkt, will sie den Anfang der Absätze mit einem Initialbuchstaben versehen. Finya weiß aus der Hilfe, dass die Initiale ein Großbuchstabe, oft auch ein verschnörkelter Buchstabe am Anfang eines Dokumentes, eines Kapitels oder eines Absatzes ist.

- Finya markiert den ersten Buchstaben **aller Absätze**, die mit einer Initiale beginnen sollen.

- Die *Registerkarte* Einfügen holt sie in den Vordergrund und klickt in der *Gruppe* Text auf den Befehl **Initialoptionen...**

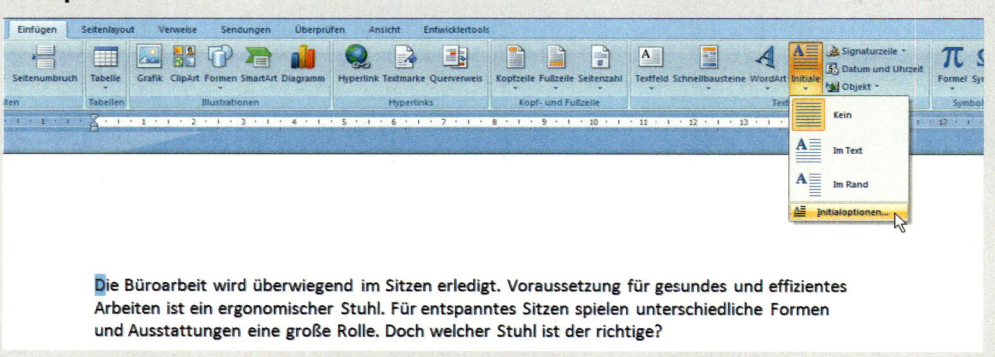

- In dem Dialogfeld Initial wählt Finya bei Position **Im Text**, bei Schriftart: wählt sie über den Listenpfeil die Schriftart **Comic Sans MS** und ändert die Initialhöhe: auf **2**.

- Mit Bestätigung auf **OK** werden alle markierten Buchstaben als Initiale im Text erzeugt und formatiert.

- Die Gestaltung des Textes mit den unterschiedlichen Formatierungen findet Finya sehr ansprechend und **speichert** unter dem gleichen Dateinamen.

- In der **Seitenansicht** schaut sich Finya ihr „Werk" an und findet es gelungen. Sie führt noch die manuelle **Silbentrennung** durch und **druckt** die Seiten aus.

LÖSUNG

ARBEITSSTUHL

Büroarbeit wird überwiegend im Sitzen erledigt. Voraussetzung für gesundes und effizientes Arbeiten ist ein ergonomischer Stuhl. Für entspanntes Sitzen spielen unterschiedliche Formen und Ausstattungen eine große Rolle. Doch welcher Stuhl ist der richtige?

Die Auswahl an Bürostühlen ist groß und richtet sich nach den Bedürfnissen der Arbeitnehmer, der Verwendung und den finanziellen Möglichkeiten. Dem ergonomisch richtig gestalteten Arbeitsstuhl kommt daher eine besondere Bedeutung zu.

Beim Arbeitsstuhl wird beispielsweise unterschieden zwischen:

➢ Bürodrehstuhl
➢ Konferenzstuhl
➢ Stuhl für Schulungsraum
➢ Stühle mit und ohne Armlehnen

Richtiges Sitzen will gelernt sein. Falsches und zu langes Sitzen können zu vorzeitiger Ermüdung, Rücken- und Muskelschmerzen führen. Formgebung und Funktionalität des Arbeitsstuhls sollen daher den ergonomischen Anforderungen gerecht werden. So passt sich beispielsweise eine zweigeteilte Rückenlehne jeder Bewegung des Rückens an.

Der Arbeitsstuhl darf den Menschen nicht einengen, sondern muss wechselnde Sitzpositionen erlauben und die Wirbelsäule im Lendenwirbelbereich abstützen. Ein Wechsel der dynamischen und statischen Sitzhaltung entlastet die Bandscheiben. Auch sollten Tätigkeiten – wann immer dies möglich ist – im Stehen ausgeführt werden.

Um Gefahren der Gesundheit abzuwehren, sollte der Arbeitsstuhl sorgfältig ausgewählt werden. Ein „Probesitzen" am Arbeitsplatz kann die Entscheidung erleichtern und damit ein entspanntes und richtiges Sitzen gewährleisten.

Richtige Sitzhaltung:

- Aufrecht und locker
- Rückenlehne ausnutzen
- Stuhlfläche voll ausfüllen
- Dynamische Sitzhaltung nutzen
- Arme hängen lose herab, haben leichte Fühlung mit dem Oberköper
- Unterarm und Handgelenk bilden eine Waagrechte
- Finger liegen locker auf den Tasten

Zu vermeiden ist:

- Rundrücken
- Bauchbereich an die Tischkante anzulehnen
- Beine übereinanderzuschlagen
- Starres und langes Sitzen
- Angespannte Körperhaltung
- Handballen und Handgelenke aufzulegen

Anforderungen an den Arbeitsstuhl:

- ☐ Ergonomisch geformte Rückenlehne
- ☐ Rückenlehne körpergerecht geformt
- ☐ Rückenlehne individuell einstellbar
- ☐ Bandscheibenstütze
- ☐ Stuhlhöhe verstellbar
- ☐ Sitzfläche gepolstert und vorne abgerundet
- ☐ Sitzfläche und Neigungswinkel verstellbar
- ☐ Luftdurchlässiger Bezug – atmungsaktiv
- ☐ 5 Rollen – rutsch- und stolpersicher
- ☐ GS-Zeichen (Prüfsiegel - geprüfte Sicherheit)

24 Deckblatt und Abschlussseite erstellen

Mit der ihr übertragenen Aufgabe ist Finya fertig und findet, dass sich die Mühe gelohnt hat. Außerdem ist sie nun mit dem Textverarbeitungsprogramm schon viel vertrauter.

Zum geplanten Besprechungstermin will Finya für alle Teilnehmer die Unterlagen zusammenstellen und dazu noch ein **Deckblatt** mit dem **Titel**, dem **Firmennamen** und einer **Grafik** erstellen. Außerdem will sie noch eine letzte Seite – mit einigen Internetadressen versehen – anfügen.

- Finya beginnt mit der Erstellung des Deckblattes. Dazu holt sie die *Registerkarte* Einfügen in den Vordergrund, klickt auf das Icon Deckblatt und wählt gleich das erste Deckblatt **Alphabet** aus.

- Dabei stellt sie fest, dass das Deckblatt mit einem Seitenumbruch für eine zweite leere Seite eingefügt wird. Diese zweite Seite benötigt Finya nicht, daher **entfernt** sie den **Seitenumbruch**.

- Sie klickt mit der Maus in den vorgegebenen Beispieltext „Geben Sie den Titel des Dokuments ein" und schreibt den Titel **Neugestaltung der Büroarbeitsplätze**.

- In den darunter liegenden Beispieltext schreibt Finya den **Firmennamen**. Die beiden anderen Beispieltexte benötigt sie nicht. Daher markiert sie diese und schneidet sie über das Kontextmenü aus.

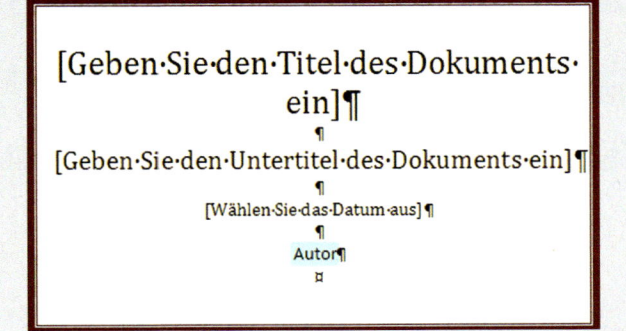

Situation 4 – Grundlagen

- Die Schriftgröße und den Abstand zwischen dem Titel und dem Firmennamen findet Finya zu klein und fügt daher noch **zwei Returns** ein.

- Sie stellt den Cursor in den **Titel** und vergrößert den Schriftgrad auf **36 pt** und weist die Farbe **Blau** zu.

- Den Firmennamen formatiert sie im **Fettdruck**, im Schriftgrad **32 pt** und ebenfalls in der Farbe **Blau**.

- Im unteren Teil des Deckblattes will Finya eine Grafik über einen ergonomisch gestalteten Computerarbeitsplatz einfügen, auf welche sie bei ihren Recherchen gestoßen ist. Für die Verwendung der Grafik hat sie sich wegen des Urheberrechtes eine Genehmigung eingeholt.

- Die Grafik passt sie der Breite des oberen Textbereichs an und **speichert** das Deckblatt unter dem Dateinamen **Deckblatt 1** im gleichen Ordner.

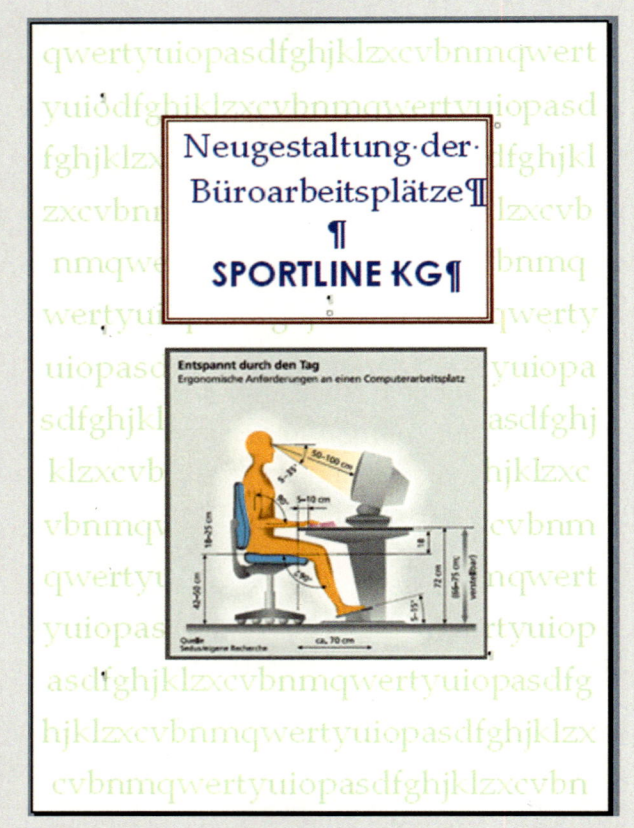

- Die Erstellung des Deckblattes fand Finya einfach. Nun will sie sich die anderen Vorlagen anschauen und noch ein Deckblatt zur Auswahl erstellen. Diesmal entscheidet sie sich für die Vorlage **Kubistisch**, fügt die gleiche Grafik ein und speichert unter dem Dateinamen **Deckblatt 2**.

Von ihrer Kollegin weiß Finya, dass vorgegebene Textbereiche und Grafiken in den Vorlagen gruppiert sind. Mit der Gruppierung wird vermieden, dass beim Einfügen von Texten oder Grafiken das vorgegebene Layout verschoben wird.

- Die *Registerkarte* **Seitenlayout** holt Finya in den Vordergrund und stellt fest, dass in der *Gruppe* **Anordnen** der Befehl **Gruppieren** nicht aktiv ist, da er nur in **Grau** angezeigt wird.

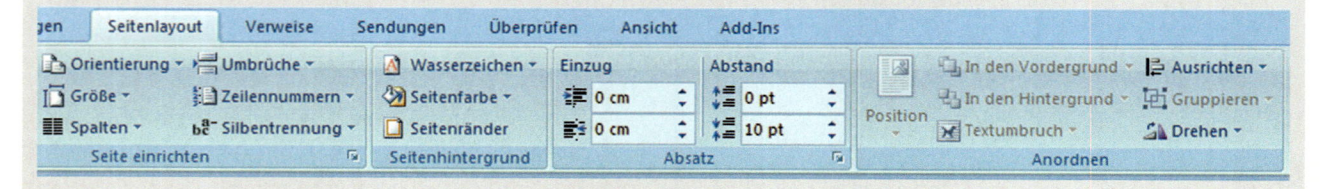

- Finya klickt auf die Grafik am Ende der Seite und sieht, dass diese von Punkten umgeben ist. Jetzt ist der Befehl **Gruppieren** aktiv.

Situation 4 – Grundlagen

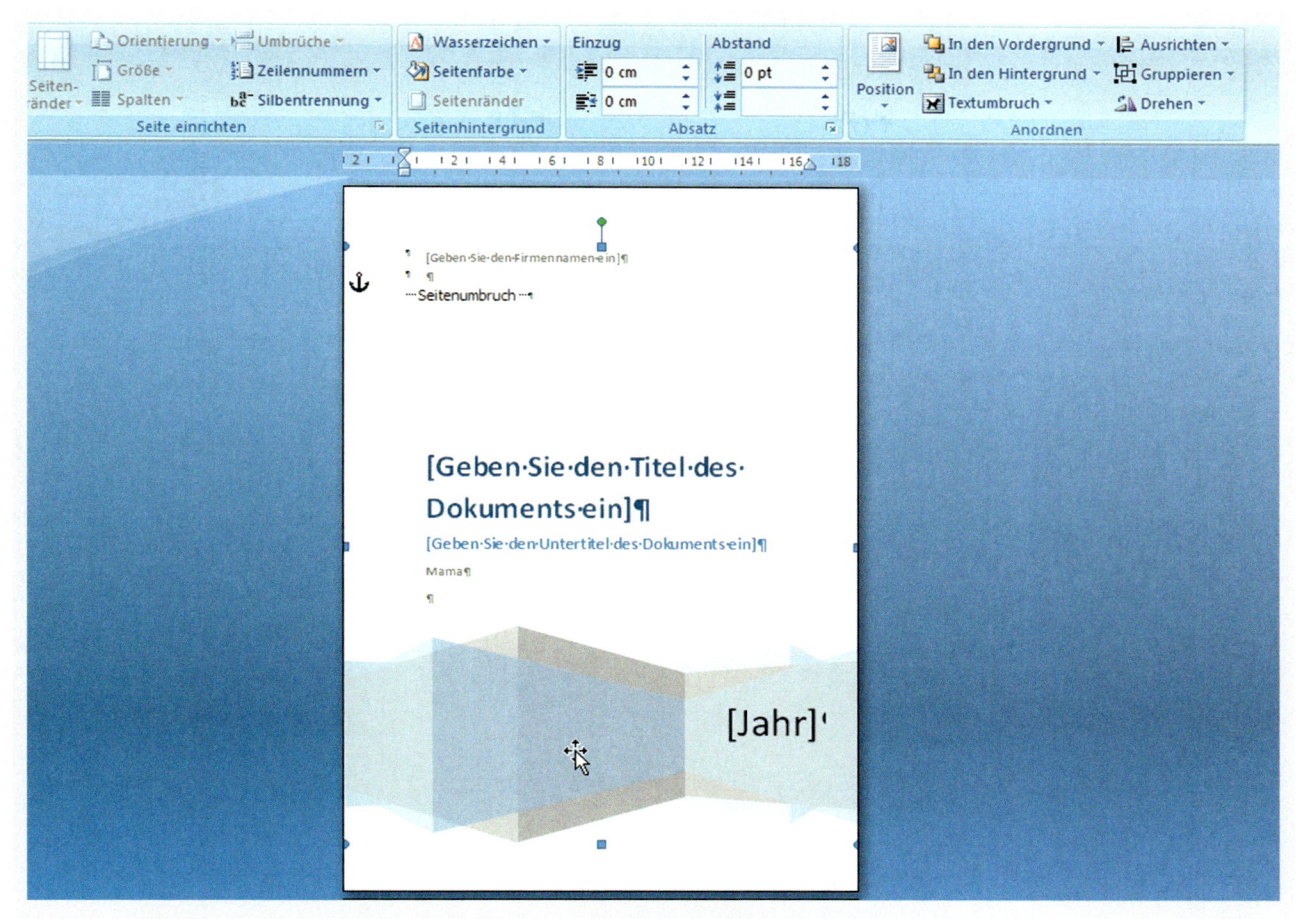

- Sie klickt auf den Befehl **Gruppieren** und stellt fest, dass nur der Befehl **Gruppierung aufheben** aktiv ist. Mit Klick auf diesen Befehl hebt Finya die Gruppierung auf und kann nun die vorgegebenen Grafiken und die Textbereiche nach ihren Wünschen verschieben, vergrößern, verkleinern.

- Finya probiert viel auf der Seite aus. Sie verändert Beispieltexte, vergrößert, verkleinert, verschiebt Grafiken und löscht nicht benötigte.

- Die Grafik im unteren Bereich des Deckblattes verkleinert sie, verändert den Schriftgrad und die Schriftfarbe, fügt darüber die gleiche Grafik wie beim Deckblatt 1 ein und gelangt zu dem dargestellten Ergebnis, welches sie unter dem Dateinamen **Deckblatt 2** speichert.

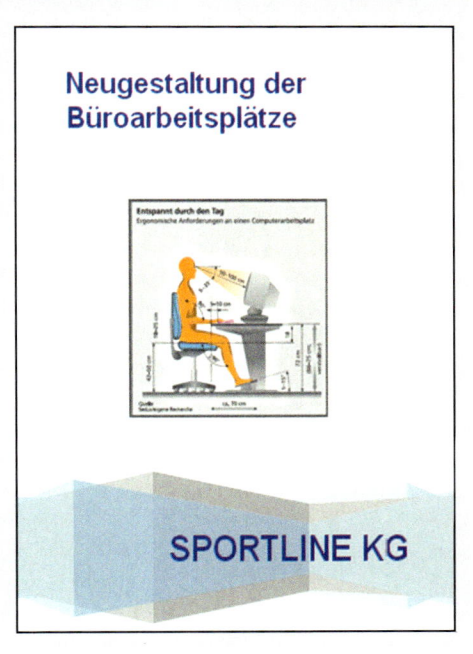

Situation 4 – Grundlagen

Finya berät sich mit ihrer Kollegin und entscheidet sich für das zweite Deckblatt. Das Layout dieser Seite verändert sie auch für die letzte Seite – auf der interessante Internetadressen stehen sollen.

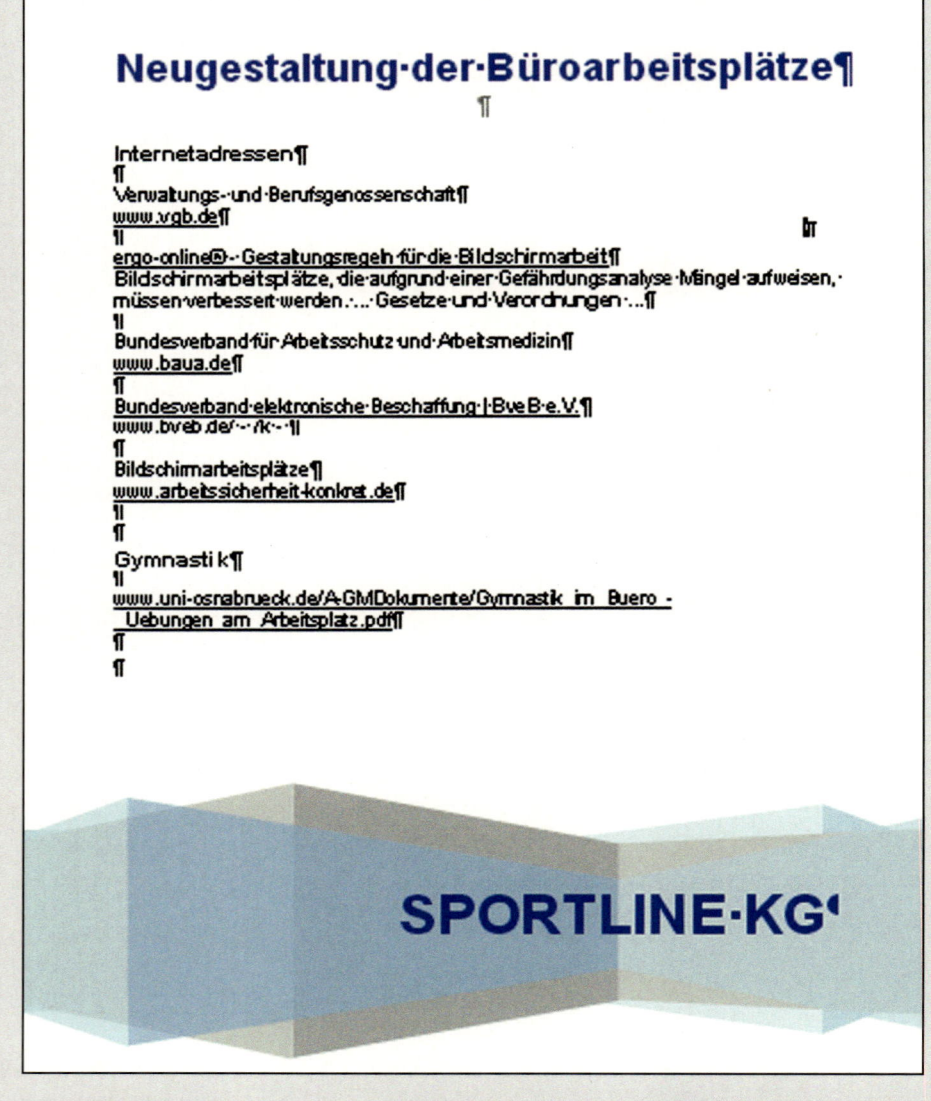

Neugestaltung der Büroarbeitsplätze

Internetadressen

Verwaltungs- und Berufsgenossenschaft
www.vgb.de

ergo-online® - Gestaltungsregeln für die Bildschirmarbeit
Bildschirmarbeitsplätze, die aufgrund einer Gefährdungsanalyse Mängel aufweisen, müssen verbessert werden. ... Gesetze und Verordnungen ...

Bundesverband für Arbeitsschutz und Arbeitsmedizin
www.baua.de

Bundesverband elektronische Beschaffung | BveB e.V.
www.bveb.de/.../k...

Bildschirmarbeitsplätze
www.arbeitssicherheit-konkret.de

Gymnastik
www.uni-osnabrueck.de/A-GMDokumente/Gymnastik_im_Buero_-_Uebungen_am_Arbeitsplatz.pdf

SPORTLINE·KG'

■ Die Abschlussseite speichert sie unter dem Dateinamen **Quellenangaben** in dem bisher verwendeten Ordner.

25 Besprechungsmappe binden

Bevor Finya die Texte für alle Besprechungsteilnehmer druckt, prüft sie noch einmal

- ob in allen Texten der Flatterrand ausgeglichen ist,
- ob alle Texte mit Kopf- und Fußzeile versehen sind.

Die gedruckten Seiten bindet Finya – mit einer Folie davor und danach – mithilfe einer Klemmleiste zusammen.

Nun sehen die Besprechungsunterlagen recht professionell aus. Herrn Silvester überbringt sie vorab ein Exemplar. Dieser ist von dem Ergebnis und dem großen Engagement Finyas angenehm überrascht. Herr Silvester ist sehr zufrieden und spart nicht mit Lob.

Aufgabe Nachdem Finya die Besprechungsmappen für alle Teilnehmer repräsentativ zusammengestellt und verteilt hat, bittet Herr Silvester Finya, die wesentlichen Punkte zusammen mit ihrer Kollegin in der Besprechung vorzutragen.

Finya und ihre Kollegin freuen sich über die Verantwortung und Anerkennung. Anhand der Lösungen verschaffen sie den Besprechungsteilnehmern einen Überblick über ihre umfangreichen Recherchen zur Neugestaltung der Büroarbeitsplätze.

Im Nachhinein stellen Finya und ihre Kollegin fest, dass sich die Arbeit und Mühe beim Zusammentragen und Gestalten der Besprechungsunterlagen gelohnt haben. Viel Lob und Anerkennung erhalten sie von den Besprechungsteilnehmern für ihre gründliche Arbeit und ihr Engagement.

Das lernen Sie in der Situation 5

Interne Mitteilung mit Seriendruck

AutoKorrektur

Tischkarten mit Tabellenfunktion erstellen

Adress-Etiketten mit Seriendruck

→ Arbeiten mit der Tabellenfunktion
→ Datenquelle erstellen
→ Hauptdokument „Interne Mitteilung" schreiben und DIN-gerecht gestalten
→ Seriendruckfelder einfügen
→ Wenn-Funktion verwenden
→ Datenquelle und Hauptdokument verbinden
→ Seriendruck ausführen
→ AutoKorrektur
→ Eigene AutoKorrektur-Einträge definieren
→ Tischkarten mit der Tabellenfunktion erstellen
→ Arbeiten mit Textrichtungen
→ Adress-Etiketten mit Seriendruck erstellen
→ Vorhandene Datenquelle mit Spalten erweitern und Daten ergänzen
→ Adressetiketten einrichten
→ Seriendruckfelder einfügen
→ Adressetiketten formatieren
→ Adressetiketten drucken

26 Situation 5

Die umfangreichen Recherchen und der gelungene Vortrag von Finya und ihrer Kollegin haben die Geschäftsleitung veranlasst, eine Tagung für die Leiterinnen und Leiter der Niederlassungen in Deutschland durchzuführen, um auch diesem Teilnehmerkreis die Informationen für die Neugestaltung der Arbeitsplätze zukommen zu lassen. Außerdem wurde beschlossen, die Büros der Niederlassungsleiter mit neuen, funktionsgerechten Büromöbeln auszustatten.

Finya wird beauftragt, der Geschäftsleitung eine interne Mitteilung unterschriftsreif vorzulegen, mit welcher die Niederlassungsleiter/-innen nach Bensheim in die Hauptverwaltung eingeladen werden.

Weiterhin werden Finya und ihre Kollegin mit der gesamten organisatorischen Durchführung dieser Veranstaltung beauftragt.

26.1 Seriendruck – Interne Mitteilung

Finyas Kollegin regt an, für die interne Mitteilung die **Seriendruckfunktion** von Word zu verwenden. Sie erklärt Finya, dass mit dieser Funktion jeder Niederlassungsleiter einen persönlichen Originalbrief erhält. Der Text, der für alle gleich ist, ist nur einmal zu erfassen, und zwar in einem **Hauptdokument**. In einem zweiten Dokument, der **Datenquelle**, befinden sich die variablen Textangaben, z. B. Vorname, Name, Ort der Niederlassung, persönliche Anrede usw. Der Seriendruck mischt diese beiden Dateien zu einem **Originalbrief**.

Datenquelle

Anrede	Vorname	Name	Niederlassung
Herrn	Hans	Finke	Münster
Herrn	Richard	Scheck	Stuttgart
Frau	Ursula	Franke	Leipzig
Herrn	Werner	Kaufmann	Hannover
Herrn	Walter	Schäfer	Schwerin
Frau	Karin	Eybler	Regensburg
Frau	Hannelore	Voswinkel	Koblenz
Frau	Verena	Hansen	Kiel

Hauptdokument

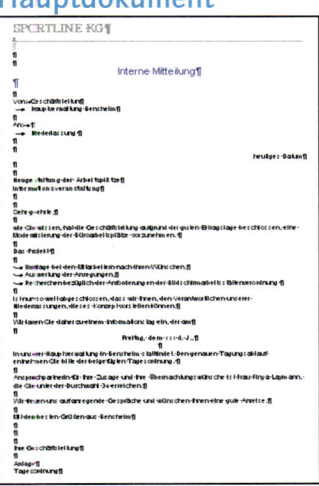

Originalbrief

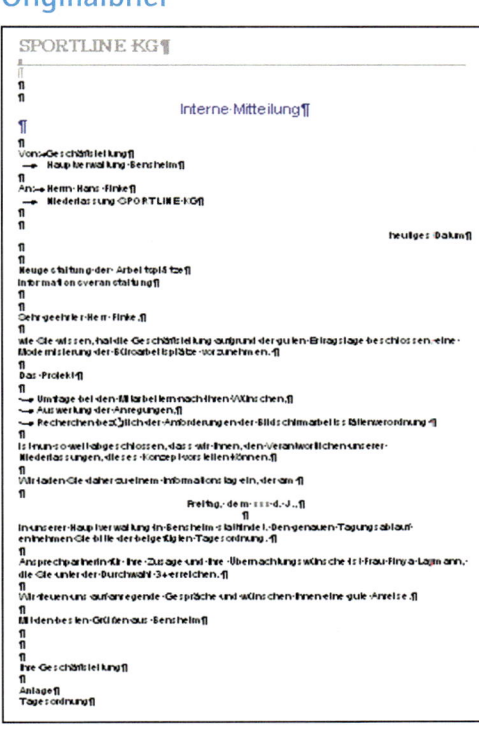

Situation 5 – Seriendruck – Tischkarten – Etiketten

■ Finya ist von dieser anspruchsvollen Aufgabe begeistert und macht sich sogleich daran, die Namen der Niederlassungsleiter in einer Datenquelle zu erfassen.

26.2 Datenquelle erstellen

■ Sie öffnet ein neues Dokument, fügt eine 4-spaltige, einzeilige Tabelle ein.

■ Sie markiert und formatiert die Tabelle in der Schriftart **Arial** mit dem Schriftgrad **11 pt** und **speichert** unter dem Dateinamen **DQ Niederlassungsleiter.docx** im Ordner **Eigene Datenquellen**.

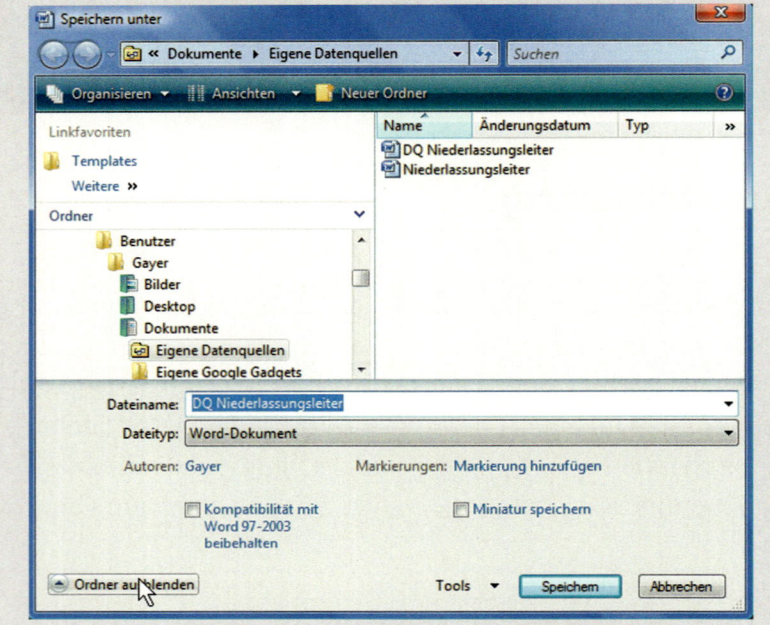

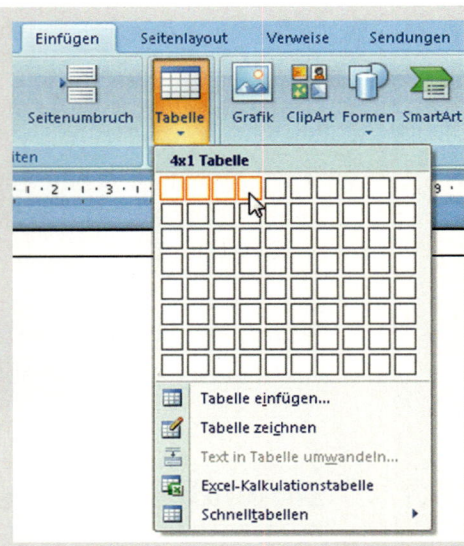

■ In die erste Zelle der Tabelle schreibt Finya den Begriff **Anrede**, da sie die Niederlassungsleiter mit Herrn oder Frau anreden möchte. Mit der [Tab]-Taste springt sie in die nächste Zelle und gibt den Begriff **Vorname** ein. In die dritte Zelle schreibt sie **Name** und in die vierte Zelle **Niederlassung**.

Anrede	Vorname	Name	Niederlassung

■ Am Ende der ersten Zeile der Tabelle schlägt sie die [Tab]-Taste erneut an, um eine zweite Zeile zu erhalten. Die Überschrift formatiert sie in Fettdruck.

■ Der Kollegin erklärt Finya, dass diese Überschrift der **Steuersatz** ist, der immer an erster Stelle einer Datenquelle stehen muss.

Datenquelle

Feldname

Steuersatz

Anrede	Vorname	Name	Niederlassung
Herrn	Hans	Finke	Münster
Herrn	Richard	Scheck	Stuttgart
Frau	Ursula	Franke	Leipzig
Herrn	Werner	Kaufmann	Hannover
Herrn	Walter	Schäfer	Schwerin
Frau	Karin	Eybler	Regensburg
Frau	Hannelore	Voswinkel	Koblenz
Frau	Verena	Hansen	Kiel

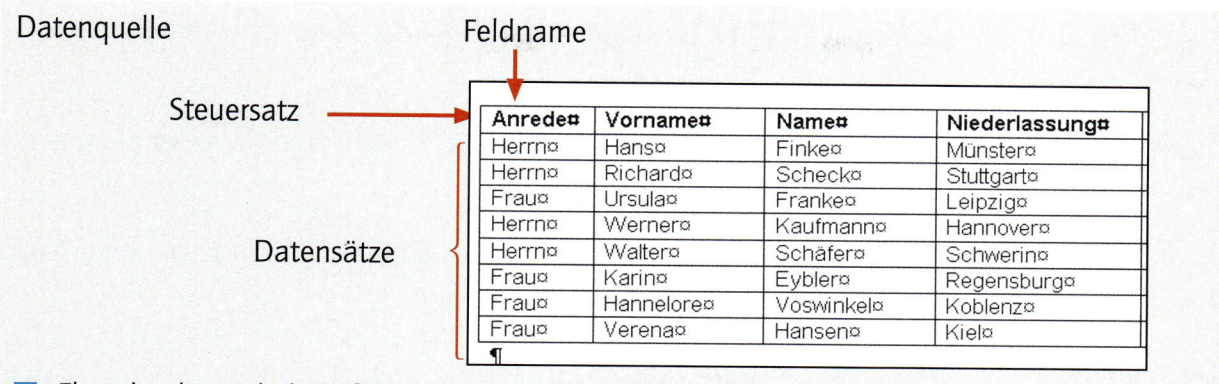

Datensätze

■ Finya beginnt mit der Erfassung der Daten der acht Niederlassungsleiter wie abgebildet, **speichert** die Datenquelle erneut unter dem gleichen Dateinamen und **schließt** die Datei.

26.3 Hauptdokument – Interne Mitteilung

■ Finya möchte nun das Hauptdokument erstellen. Dazu öffnet sie ein neues Dokument und fügt die Kopfzeile der **SPORTLINE KG** ein.

■ Im Textbereich schlägt sie zwei Returns an und schreibt die **Überschrift Interne Mitteilung** zentriert in der Schriftart **Arial**, mit Schriftgrad **16 pt** und der Farbe **Blau**.

■ Sie schlägt erneut zwei Returns an und **speichert** die Datei unter dem Namen **Interne Mitteilung – Niederlassungen**.

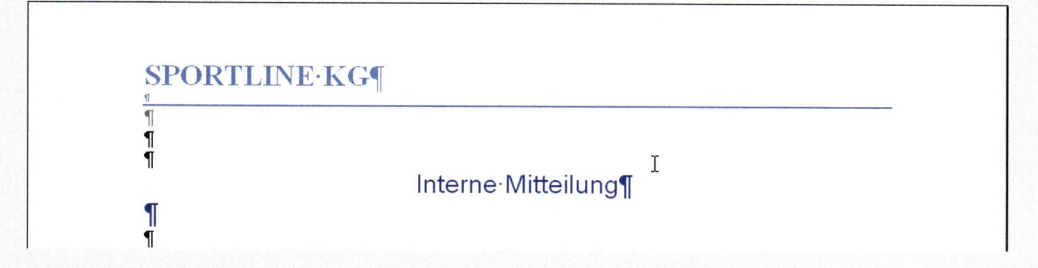

```
SPORTLINE·KG¶
¶
¶
¶
            Interne·Mitteilung¶
¶
¶
```

■ Das letzte Returnzeichen formatiert sie im Schriftgrad **11 pt**, stellt die Schriftfarbe auf **Schwarz** und schreibt die Absender- und Empfängerangaben, wie dargestellt.

Zwischen **Von:** und **Geschäftsleitung** verwendet sie einen **linksbündigen** Tabstopp bei **1 cm**.

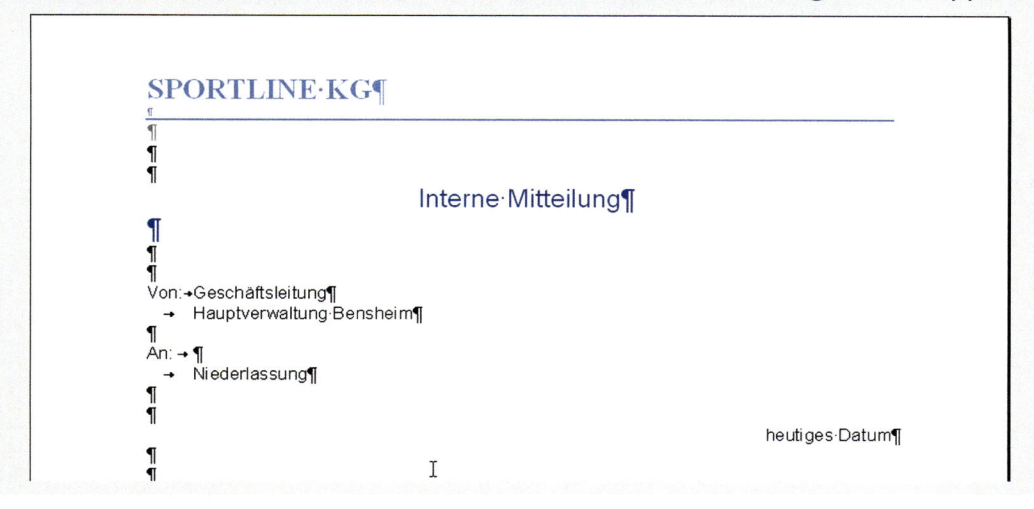

```
SPORTLINE·KG¶
¶
¶
¶
            Interne·Mitteilung¶
¶
¶
¶
Von:→Geschäftsleitung¶
    →  Hauptverwaltung·Bensheim¶
¶
An:→ ¶
    →  Niederlassung¶
¶
¶
                                    heutiges·Datum¶
¶
```

Situation 5 – Seriendruck – Tischkarten – Etiketten

■ Die Zeile neben **An:** bleibt frei, da Finya hier die Namen der Niederlassungsleiter benötigt, die beim Seriendruck eingefügt werden.

■ Das **Tagesdatum** schreibt Finya **rechtsbündig** mit je **zwei Zeilen Abstand davor und danach**. Vorsorglich **speichert** sie erneut.

■ Den Text formuliert und gestaltet sie, **speichert** ihn unter dem gleichen Dateinamen und **druckt** ein Exemplar, um die Formulierungen mit ihrer Kollegin abzustimmen.

■ Das Hauptdokument lässt Finya geöffnet.

SPORTLINE KG

Interne Mitteilung

Von: Geschäftsleitung
Hauptverwaltung Bensheim

An:
Niederlassung

heutiges Datum

Neugestaltung der Arbeitsplätze
Informationsveranstaltung

Sehr geehrte,

wie Sie wissen, hat die Geschäftsleitung aufgrund der guten Ertragslage beschlossen, eine Modernisierung der Büroarbeitsplätze vorzunehmen.

Das Projekt

- Umfrage bei den Mitarbeitern nach ihren Wünschen,
- Auswertung der Anregungen,
- Recherchen bezüglich der Anforderungen der Bildschirmarbeitsstättenverordnung

ist nun so weit abgeschlossen, dass wir Ihnen, den Verantwortlichen unserer Niederlassungen, dieses Konzept vorstellen können.

Wir laden Sie daher zu einem Informationstag ein, der am

Freitag, dem xxx d. J.,

in unserer Hauptverwaltung in Bensheim stattfindet. Den genauen Tagungsablauf entnehmen Sie bitte der beigefügten Tagesordnung.

Ansprechpartnerin für Ihre Zusage und Ihre Übernachtungswünsche ist Frau Finya Laymann, die Sie unter der Durchwahl 34 erreichen.

Wir freuen uns auf anregende Gespräche und wünschen Ihnen eine gute Anreise.

Mit den besten Grüßen aus Bensheim

Ihre Geschäftsleitung

Anlage
Tagesordnung

26.4 Seriendruckfelder einfügen

> Finyas Kollegin findet den Text gelungen und erklärt ihr, dass sie nun die Seriendruckfelder der Datenquelle in das Hauptdokument einfügen müsse, damit die variablen Angaben beim Seriendruck gedruckt werden können.

- Finya stellt den Cursor in die **Anrede**, und zwar vor das Returnzeichen hinter dem Wort **An**:

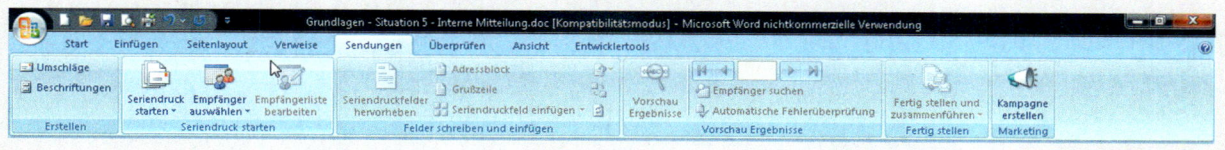

- Die Kollegin zeigt Finya, dass sich auf der *Registerkarte* Sendungen die *Gruppe* Seriendruck starten befindet. Zunächst muss das Icon **Seriendruck starten** angeklickt werden, um zu entscheiden, welche Art Seriendruck ausgeführt werden soll.

- Finya entscheidet sich für ein **Normales Word-Dokument**.

- Sodann klickt sie auf das Icon **Empfänger auswählen** und klickt auf den Befehl **Vorhandene Liste verwenden...**, da die Datenquelle bereits von ihr erstellt wurde.

- In dem sich öffnenden Dialogfeld **Datenquelle auswählen** wird ihr der Ordner **Alle Datenquellen** angezeigt. In diesem Ordner befindet sich die Datenquelle **DQ Niederlassungsleiter.docx** Finya klickt **doppelt** mit der linken Maustaste auf den Dateinamen.

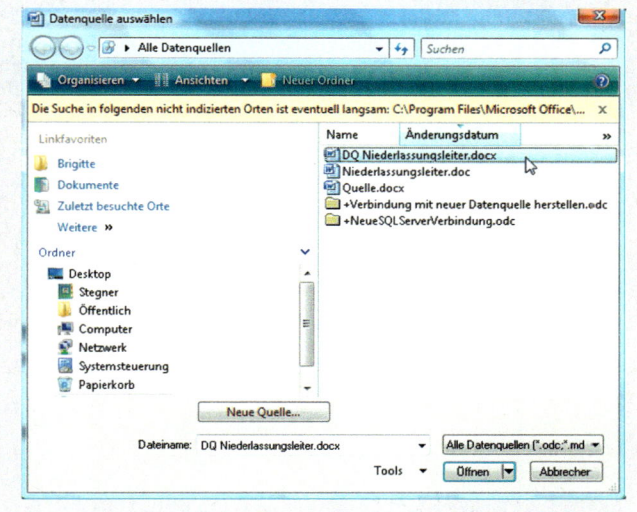

- Dadurch wird die Datenquelle mit dem Hauptdokument verknüpft, was Finya nur daran erkennen kann, dass das Icon *Empfängerliste bearbeiten* nun aktiv ist.

- Über dieses Icon könnte Finya die Empfängerliste/Datenquelle verändern oder ergänzen, was sie zu einem späteren Zeitpunkt ausprobieren wird.

Situation 5 – Seriendruck – Tischkarten – Etiketten

■ Ebenfalls aktiviert wurde die *Gruppe* **Felder schreiben und einfügen**. Finya **klickt** auf **Seriendruckfeld einfügen**. Die Felder des Steuersatzes ihrer Datenquelle werden aufgelistet.

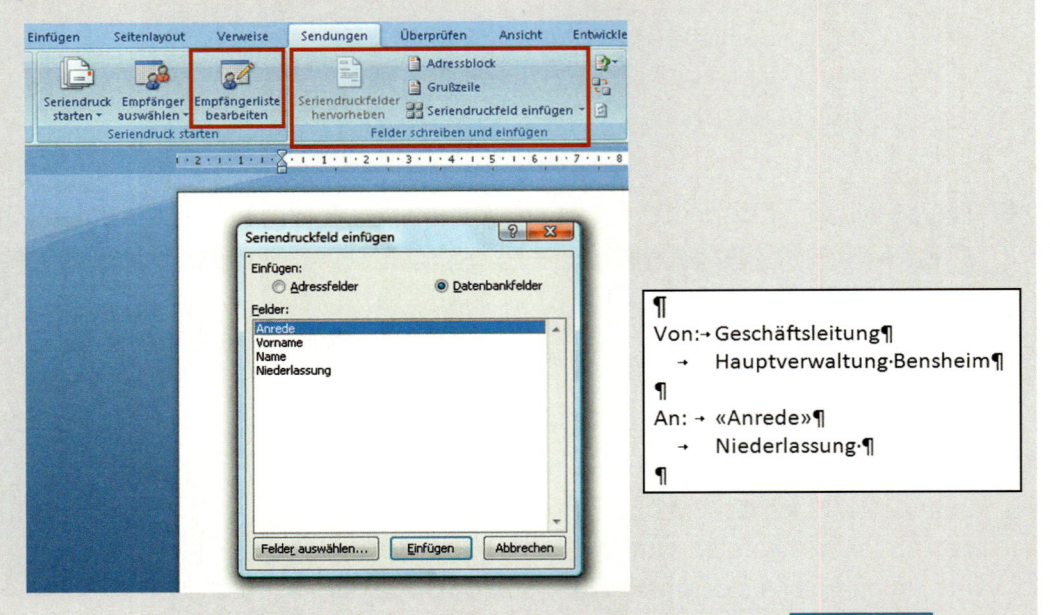

■ Finya sieht, dass das Feld **Anrede** markiert ist, und klickt auf die Schaltfläche Einfügen . Sofort erscheint das Feld mit Chevrons (« ») umrahmt vor der Cursorposition.

■ Sie markiert das Feld **Vorname** und fügt es ein, ebenso das Feld **Name**.

■ Über die Schaltfläche Schließen verlässt sie das Dialogfeld.

■ Nun muss Finya noch die Leerzeichen zwischen den Feldnamen einfügen.

■ Um den Ort der **Niederlassung** einzufügen, positioniert Finya den Cursor vor das Returnzeichen und wählt erneut den Befehl **Seriendruckfeld einfügen,** um den Feldnamen **Niederlassung** einfügen zu können.

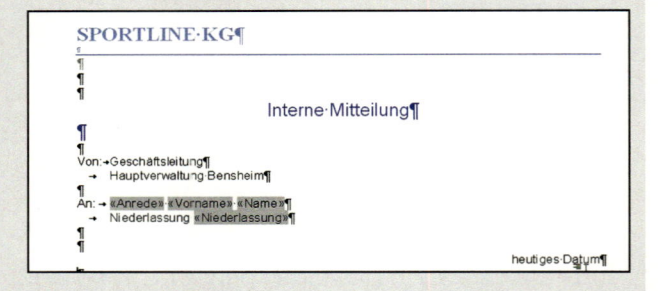

■ Nun sind alle Felder für die Anschrift eingefügt. Finya klickt auf das Icon **Vorschau Ergebnisse** und sieht, dass die Feldnamen durch die tatsächlichen Angaben des ersten Datensatzes ersetzt werden.

■ Mithilfe der Listenpfeile sieht sie sich alle acht Datensätze der Internen Mitteilung an.

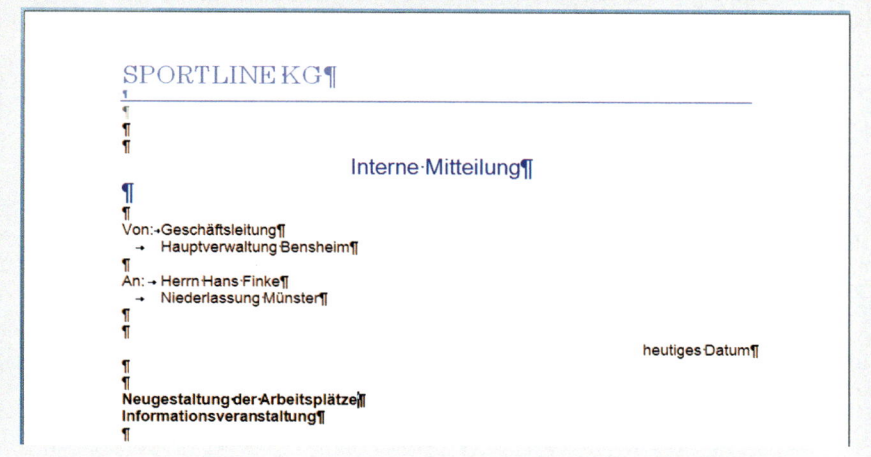

26.5 Wenn-Funktion

> Nun fehlt bei der Internen Mitteilung nur noch die Vervollständigung der Briefanrede. Die Kollegin erklärt Finya, dass sie die für Frauen und Herren unterschiedlichen Anreden über die Wenn-Funktion einfügen kann:
>
> ■ Wenn bei dem Feldnamen **Anrede** „Herrn" steht, soll Word schreiben **„r Herr"**
> ■ Wenn bei dem Feldnamen **Anrede** „Frau" steht, soll Word schreiben **„ Frau"**
>
> Finya findet diese Wenn-Funktion spannend und möchte sie sogleich ausprobieren.

■ Finya stellt den Cursor vor das Komma der Anrede „Sehr geehrte," und klickt auf der *Registerkarte* Sendungen in der Gruppe Felder schreiben und einfügen das Icon **Regeln** an, das u. a. den Befehl **Wenn... Dann... Sonst...** beinhaltet.

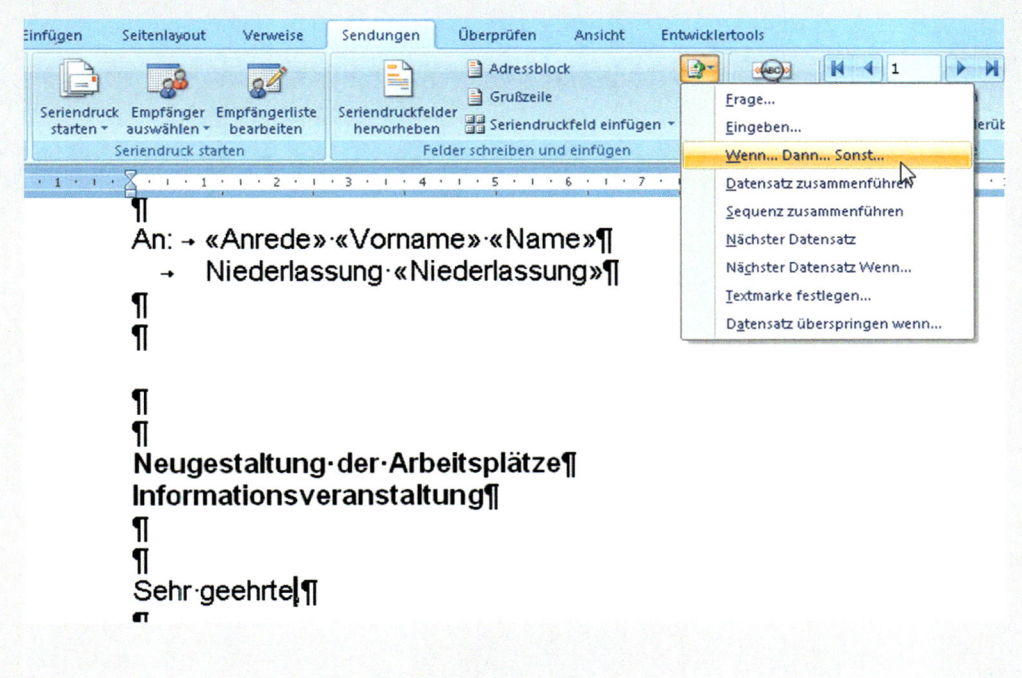

Situation 5 – Seriendruck – Tischkarten – Etiketten

■ Mit einem Klick auf **diesen Befehl** öffnet sich das Dialogfeld **Bedingungsfeld einfügen: WENN**, das Finya entsprechend der Erklärungen ihrer Kollegin ausfüllt.

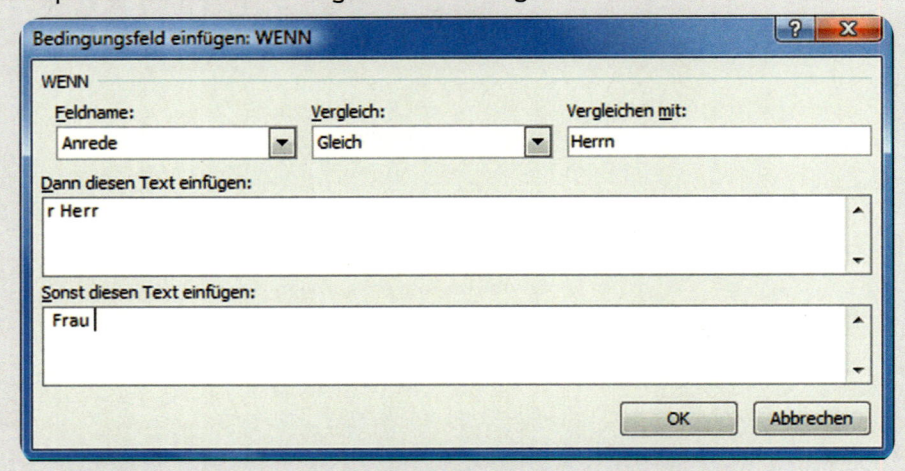

[Dialogfeld "Bedingungsfeld einfügen: WENN" mit folgenden Einträgen:
- *Feldname: Anrede*
- *Vergleich: Gleich*
- *Vergleichen mit: Herrn*
- *Dann diesen Text einfügen: r Herr*
- *Sonst diesen Text einfügen: Frau]*

■ Finya prüft noch einmal die Einträge und bestätigt mit **OK**.

■ Sogleich erscheint „**r Herr**", da der erste Datensatz ein Herr ist. Allerdings in der Standardschrift **Times Roman**. Ehe Finya die Schrift verändert, fügt sie ein **Leerzeichen** ein und den Feldnamen **Name**, damit die Anrede vollständig ist.

> Sehr·geehrter·Herr·«Name»,¶

■ Die gesamte Anrede formatiert sie in der Schriftart **Arial** mit Schriftgrad **11 pt**.

■ Finya schaut sich über das Icon [Vorschau Ergebnisse] die Anrede des ersten Datensatzes an und blättert durch die nachfolgenden Datensätze. Sie sieht, dass auch die Anreden für die Damen korrekt formuliert sind.

> Sehr geehrter Herr Finke,¶   Sehr geehrte Frau Franke,¶

SPORTLINE KG

Interne Mitteilung

Von: Geschäftsleitung
　　　Hauptverwaltung Bensheim

An:　Herrn Hans Finke
　　　Niederlassung Münster

heutiges Datum

Neugestaltung der Arbeitsplätze
Informationsveranstaltung

Sehr geehrter Herr Finke,

wie Sie wissen, hat die Geschäftsleitung aufgrund der guten Ertragslage beschlossen, eine Modernisierung der Büroarbeitsplätze vorzunehmen.

Das Projekt

- Umfrage bei den Mitarbeitern nach ihren Wünschen,
- Auswertung der Anregungen,
- Recherchen bezüglich der Anforderungen der Bildschirmarbeitsstättenverordnung

ist nun so weit abgeschlossen, dass wir Ihnen, den Verantwortlichen unserer Niederlassungen, dieses Konzept vorstellen können.

Wir laden Sie daher zu einem Informationstag ein, der am

Freitag, dem xxx d. J.,

in unserer Hauptverwaltung in Bensheim stattfindet. Den genauen Tagungsablauf entnehmen Sie bitte der beigefügten Tagesordnung.

Ansprechpartnerin für Ihre Zusage und Ihre Übernachtungswünsche ist Frau Finya Laymann, die Sie unter der Durchwahl 34 erreichen.

Wir freuen uns auf anregende Gespräche und wünschen Ihnen eine gute Anreise.

Mit den besten Grüßen aus Bensheim

Ihre Geschäftsleitung

Anlage
Tagesordnung

Situation 5 – Seriendruck – Tischkarten – Etiketten

26.6 Seriendruck

Bevor Finya mit dem Seriendruck der Internen Mitteilung beginnt, erklärt ihr die Kollegin, dass Word für das Drucken zwei Alternativen anbietet:

■ Zum einen kann der Seriendruck sofort an den Drucker geschickt werden, wobei das Hauptdokument mit den jeweiligen Variablen zusammengeführt wird und entsprechend der Datensatzmenge Originale gedruckt werden.

■ Zum anderen können die beiden Dateien – Datenquelle und Hauptdokument – in einem neuen Dokument mit dem Dateinamen Serienbriefe 1 zusammengeführt werden. Diese Variante wählt man, um einzelne Dokumente bearbeiten und selektiv drucken zu können.

■ Finya entscheidet sich für das sofortige Drucken. Auf der *Registerkarte* Sendungen klickt sie in der *Gruppe* Fertig stellen auf den Listenpfeil des Icons **Fertig stellen und zusammenführen** und wählt den Befehl **Dokumente drucken**.

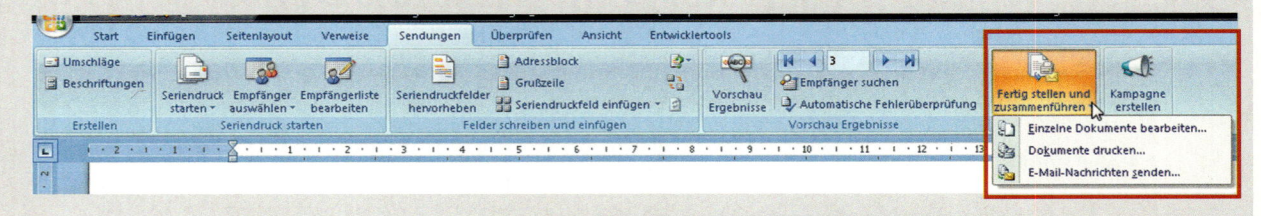

■ In dem sich öffnenden Dialogfeld Seriendruck an Drucker ist die Option **Alle** standardmäßig aktiv, sodass Finya mit einem Klick auf die Schaltfläche **OK** den Druckauftrag startet.

Es werden acht Originale der Internen Mitteilung gedruckt, die Finya zum Unterzeichnen in eine Unterschriftsmappe legt.

Nachdem die Originale der Internen Mitteilung unterschrieben sind, macht sie diese versandfertig, trägt den Termin in ihren Terminkalender ein, um sich von ihrem Terminverwaltungsprogramm rechtzeitig an die Veranstaltung erinnern zu lassen.

Aufgabe Weitere Seriendruckfunktionen siehe Abschnitt 29.

27   AutoKorrektur

Beim Erstellen von Texten ist Finya schon öfter aufgefallen, dass nach einigen Buchstaben eines Wortes eine Schaltfläche erscheint, in der ein Wortvorschlag gemacht wird, mit der Aufforderung, die Eingabetaste zu drücken, um das vorgeschlagene Wort einzufügen.

Finya erfährt von ihrer Kollegin, dass es sich hierbei um die Funktion **AutoKorrektur** handelt. Diese Funktion kann nicht nur Schreibfehler während der Eingabe korrigieren, sondern erlaubt es auch, eigene AutoKorrektur-Einträge einzurichten, um schwierige Begriffe richtig zu schreiben oder längere Wörter nicht ausschreiben zu müssen.

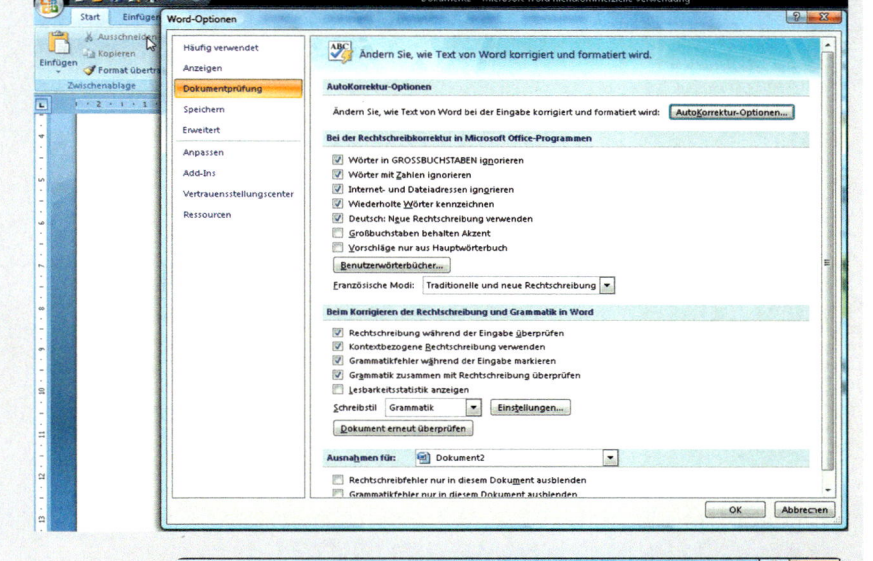

- Finya kann sich vorstellen, dass mit der AutoKorrektur viel Zeit bei der Texteingabe eingespart wird und will sich diese interessante Funktion in einem neuen Dokument näher ansehen.

- Über die Schaltfläche **Office** klickt sie die Schaltfläche **Word-Optionen** an und wählt dann den Befehl **Dokumentprüfung**.

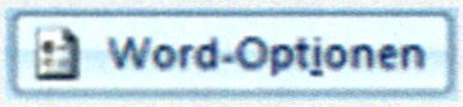

- Rechts im Dialogfeld sieht sie die Schaltfläche **AutoKorrektur-Optionen…**, die sie anklickt und damit das Dialogfeld **Autokorrektur** öffnet.

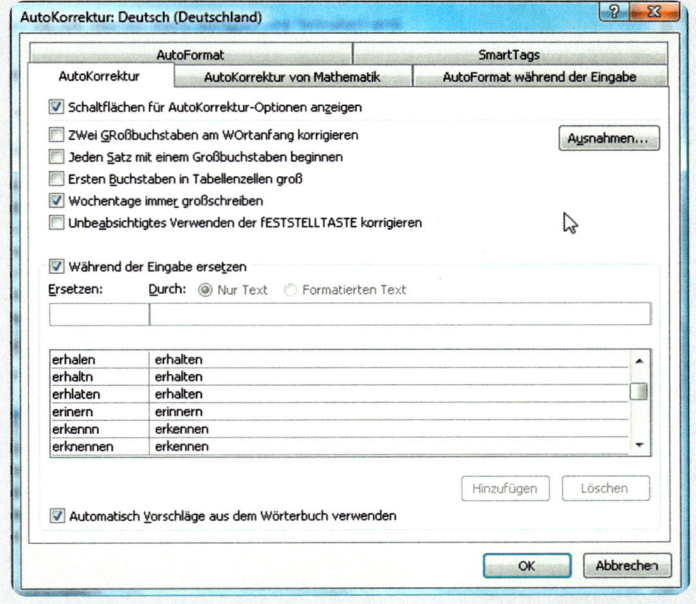

- Die Einstellungen der Registerkarte AutoKorrektur schaut Finya sich genauer an.

- Einige – mit Häkchen versehene – Kontrollkästchen sind aktiv, die durch die Beschreibung selbsterklärend sind.

- Finya blättert in dem Bereich **Während der Eingabe ersetzen** durch die aufgelisteten Korrektureinträge und erkennt, dass insbesondere so genannte Drehfehler automatisch korrigiert werden.

Situation 5 – Seriendruck – Tischkarten – Etiketten

27.1 Einrichten eigener AutoKorrektur-Einträge

> Finya möchte einige AutoKorrektur-Einträge selbst definieren. Die Grußformel, welche Finya in der Internen Mitteilung verwendet hat, benutzt sie häufiger. Für diese Grußformel will sie ein Kürzel erstellen, um den Schreibaufwand zu reduzieren.

- Sie stellt den Cursor in das Feld **Ersetzen:** und gibt die Buchstaben **mgb** ein.

- In das Feld **Durch:** schreibt sie die gesamte Grußformel **Mit den besten Grüßen aus Bensheim**.

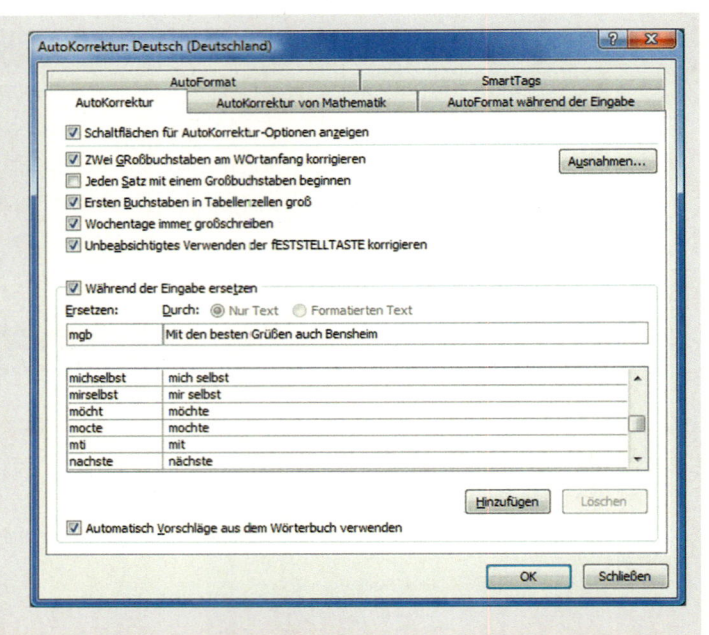

> Bei der Auswahl des Kürzels achtet Finya darauf, dass es kein eigenständiges Wort ist, welches auch beim Schreiben eines Textes vorkommen kann, weil dieses Wort dann durch das Kürzel ersetzt würde. Auch sollte das Kürzel immer einen Bezug zur vollständigen Formulierung haben (mnemotechnische Bezeichnung).

- Durch das Eingeben des AutoKorrektur-Eintrages wurde die Schaltfläche Hinzufügen aktiv. Finya klickt sie an und sieht, dass ihre Eingabe aphabetisch eingeordnet wurde. Außerdem wurde die Schaltfläche Löschen aktiv, sodass der AutoKorrektur-Eintrag auch wieder entfernt werden könnte.

- Finya achtet außerdem darauf, dass das Kontrollkästchen **Während der Eingabe ersetzen** ebenfalls aktiv ist und bestätigt mit **OK**.

- Das noch geöffnete Dialogfeld Word-Optionen schließt sie mit **OK**.

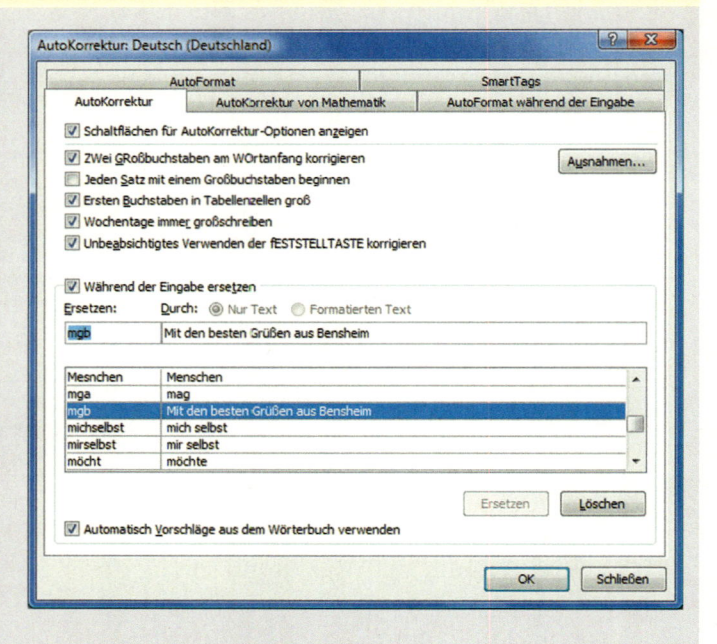

- Sogleich probiert sie die Funktion in einem neuen, leeren Dokument aus; sie schreibt die Buchstaben **mgb**, schlägt die Leertaste an und die gesamte Grußformel **Mit den besten Grüßen aus Bensheim** erscheint.

Aufgabe Die Funktion AutoKorrektur findet Finya praktisch, weil insbesondere schwierige Wörter immer fehlerfrei wiedergegeben werden. Sie gibt häufig verwendete Namen und Begriffe ein und probiert die Korrektureinträge in einem leeren Dokument aus.

Abkürzungen	AutoKorrektur-Eintrag
nd	Niederlassung
nb	Neugestaltung der Büroarbeitsplätze
ifo	Informationsveranstaltung
r	Regensburg
h	Hannover
sn	Schwerin

■ Finya findet, dass es sinnvoll wäre, auch einen bereits **formatierten** Text, z. B. die Überschrift **Interne Mitteilung** in die AutoKorrektur zu legen. Im Gespräch mit ihrer Kollegin erfährt sie die Vorgehensweise.

Der formatierte Text ist zu markieren und das Dialogfeld AutoKorrektur zu öffnen. Durch das Markieren des Textes wird dieser Text automatisch in das Feld **Durch:** eingetragen. Zu beachten ist, dass die Option **Formatierten Text** aktiviert werden muss. Danach wird das Kürzel eingetragen und der Vorgang wie bisher beendet.

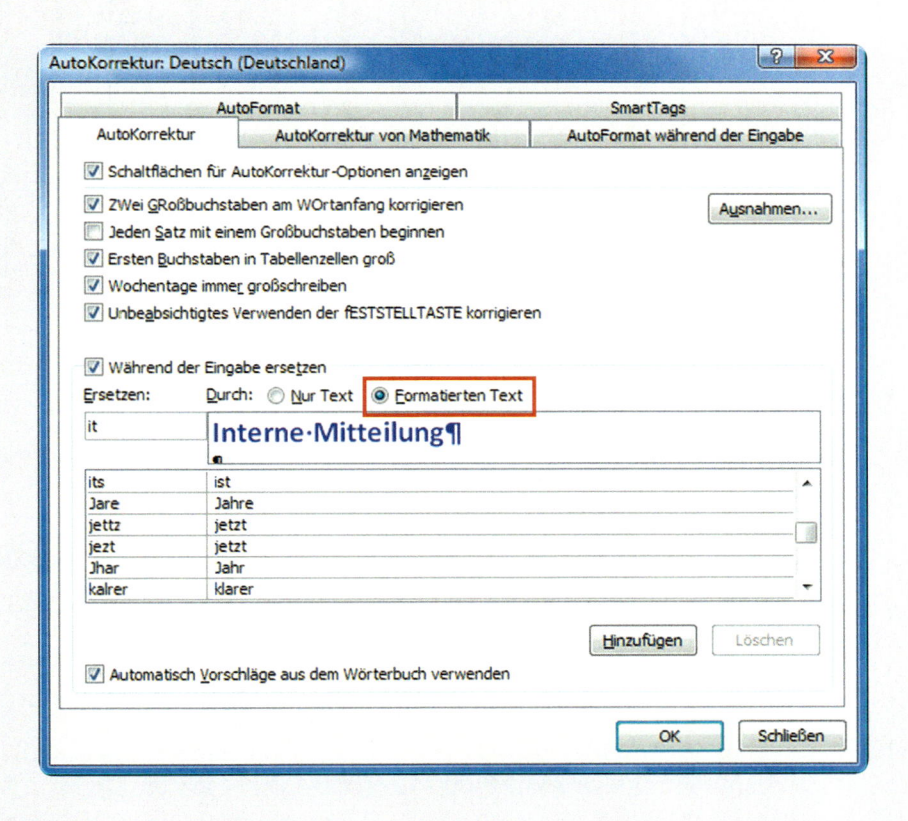

Situation 5 – Seriendruck – Tischkarten – Etiketten

28 Tischkarten mit der Tabellenfunktion erstellen

> Finya überlegt, dass sie zur Vorbereitung der anstehenden Informationsveranstaltung über die Neugestaltung der Büroarbeitsplätze schon einige Vorarbeit leisten sollte, damit sie später nicht in Zeitnot gerät.
>
> Zunächst möchte sie Namensschilder in Form von Tischkarten erstellen, da an der Tagung auch zwei neue Niederlassungsleiter teilnehmen, die noch nicht allen Mitarbeitern bekannt sind.
>
> Sie denkt, dass Tischkarten im A5-Querformat – einmal gefaltet – auf stärkerem Papier die richtige Form hätten, wobei der Name der Teilnehmer auf beiden Seiten stehen müsste.

■ Finya öffnet ein neues Word-Dokument, wählt auf der *Registerkarte* **Seitenlayout** das Icon **Seitenränder** und den Befehl **Benutzerdefinierte Seitenränder**.

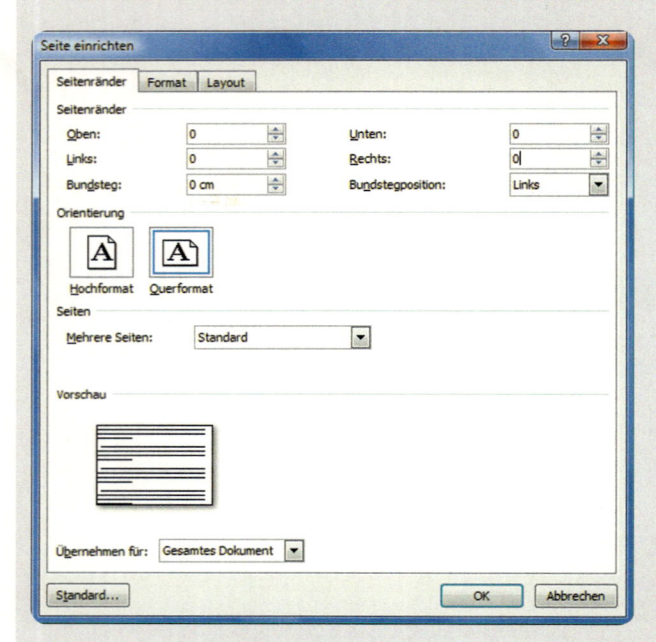

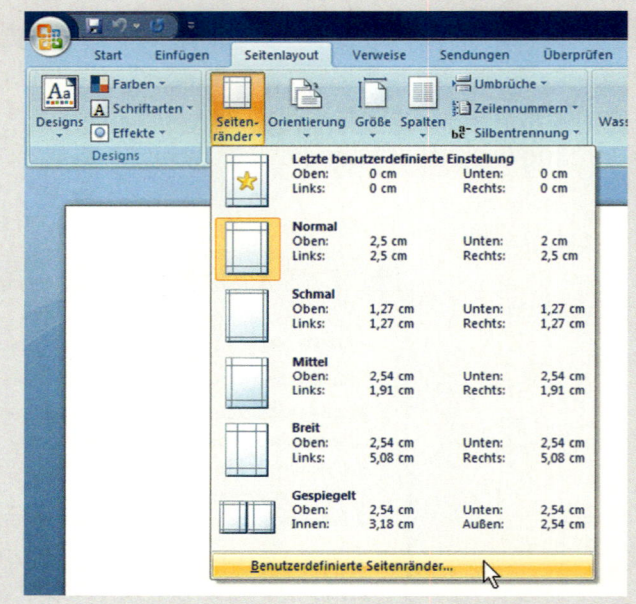

■ In dem sich öffnenden Dialogfeld stellt sie die **Seitenränder** auf **0 cm** ein, wählt die Orientierung **Querformat** und bestätigt mit **OK**.

■ Über das Icon **Tabelle** der *Registerkarte* **Einfügen** fügt sie eine **4-spaltige Tabelle** ein.

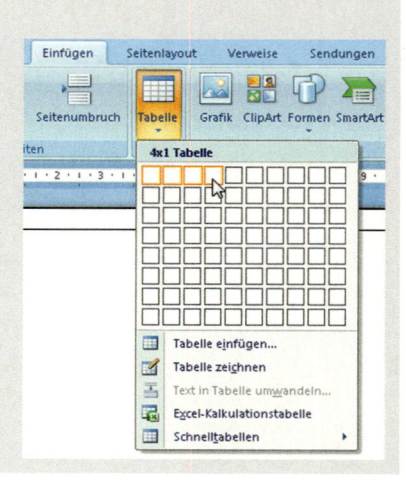

Situation 5 – Seriendruck – Tischkarten – Etiketten

■ Für das weitere Arbeiten klickt Finya auf der *Registerkarte* **Ansicht** in der *Gruppe* **Zoom** auf das Icon **Eine Seite**.

■ Mit der Maus zeigt Finya auf die untere Begrenzungslinie, bis sich der **Mauszeiger** in eine **doppelte Linie** und einen **Doppelpfeil** verwandelt. Durch Ziehen mit gedrückter linker Maustaste vergrößert sie die 4 Spalten, bis sie das ganze Blatt ausfüllen.

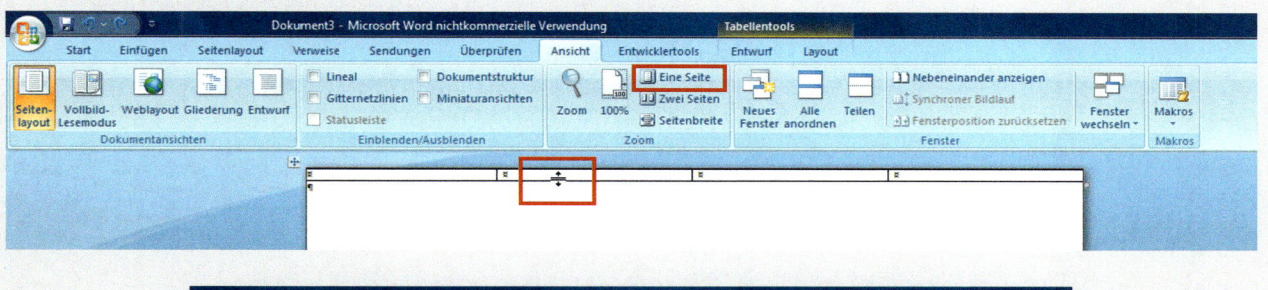

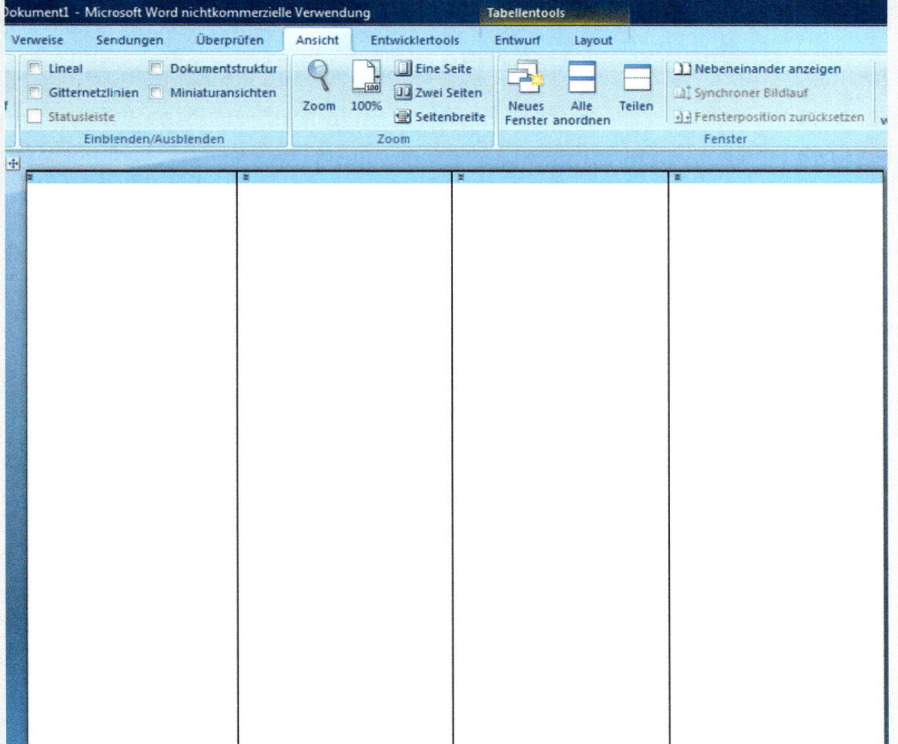

■ Mit dem Shortcut **Strg** + **A** markiert sie das gesamte Dokument und stellt die Schriftart **Arial** mit dem Schriftgrad **60 pt** ein.

■ Finya stellt den Cursor in die **erste Spalte** und klickt auf der *Registerkarte* **Tabellentools – Layout** in der *Gruppe* **Ausrichtung** auf das Icon **Textrichtung**.

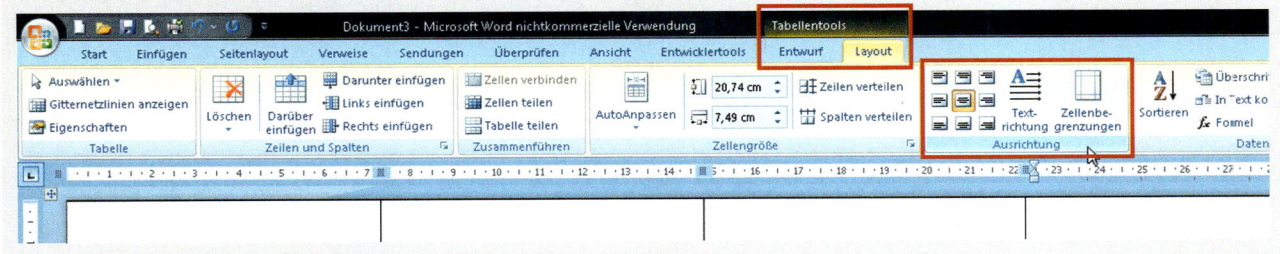

Das Icon verändert seine Form und zeigt nun die Textrichtung nach unten an.

Situation 5 – Seriendruck – Tischkarten – Etiketten

- Finya klickt noch das Icon für das **zentrierte Ausrichten** des Textes an und gibt dann den Namen **Richard Scheck** ein.

- In der **zweiten Spalte** benutzt Finya die **Textrichtung nach oben** und gibt den gleichen Namen – ebenfalls **zentriert** – ein.

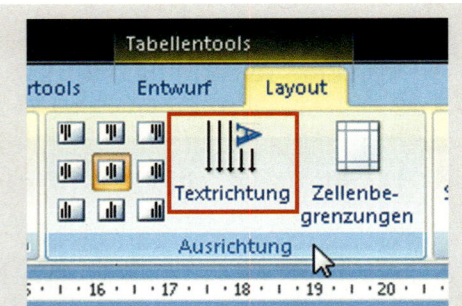

- Nun kann sie sich schon vorstellen, wie die Tischkarte nach dem Halbieren des A4-Blattes und dem Falzen in der Mitte zwischen den beiden Namen aussieht.

- Finya sieht, dass sie die Beschriftung richtig vorgenommen hat.

- In die **Spalte 3** und **4** gibt sie den Namen **Hans Finke** ein und richtet den Namen wie bei den ersten beiden Spalten aus.

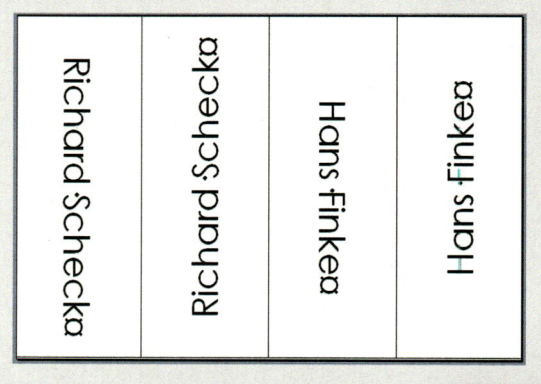

- Die Linien der Tabelle möchte Finya entfernen. Dazu markiert sie noch einmal mit [Strg] + A das gesamte Dokument.

- Sie klickt auf der *Registerkarte* Tabellentools – Entwurf den Listenpfeil bei **Rahmen** an und wählt den Befehl **Kein Rahmen**.

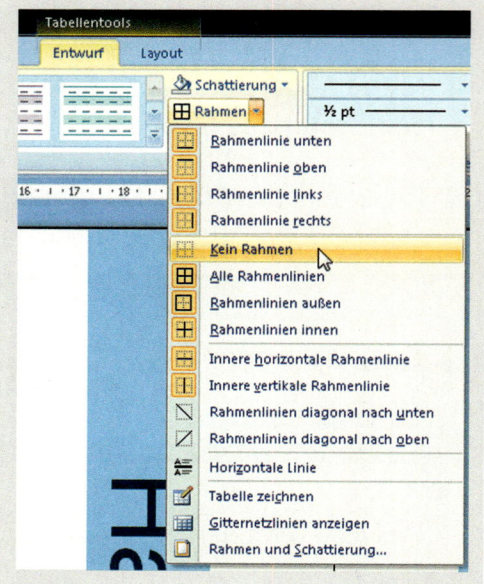

- Die Tischkarten **druckt** Finya auf 120-g-Papier, schneidet die Seite in der Mitte durch und falzt die beiden Tischkarten.

- Finya ist mit dem Ergebnis zufrieden. Damit sie auf diese Seite bei Bedarf zugreifen kann, **speichert** sie das Dokument unter dem Dateinamen **Tischkarten – Muster**.

Aufgabe

- Für die weiteren sechs Teilnehmer der Informationsveranstaltung überschreibt sie die vorhandene Datei mit den nachstehenden Teilnehmernamen und druckt sie nach der Eingabe von jeweils zwei Namen.

  - Ursula Franke
  - Werner Kaufman
  - Walter Schäfer
  - Karin Eybler
  - Hannelore Voswinkel
  - Verena Hansen

29 Adress-Etiketten mit Seriendruck erstellen

Finya hat schon einige telefonische Anmeldungen zur Informationsveranstaltung entgegengenommen. Ein Niederlassungsleiter regte an, dass sie vorab Prospektmaterial über Büromöbel beschaffen und den Teilnehmern zusenden solle.

Von einem großen Frankfurter Büroeinrichtungshaus hat Finya eine entsprechende Anzahl von Gesamtprospekten besorgen können. Dieses Material will sie nun formlos allen Niederlassungsleitern zukommen lassen. Dazu benötigt sie Adress-Ettiketten, die sie mithilfe der Serienbrieffunktion, die sie ja durch das Versenden der Internen Mitteilung schon kennt, erstellen möchte.

Finya weiß, das es vielfältige Arten von Etiketten, z. B. für Anschriften, Absender, Ordner, CDs gibt, die Word von unterschiedlichen Herstellern als Formular bereitstellt.

29.1 Datenquelle ergänzen

- Finya öffnet zuerst die Datenquelle **DQ Niederlassungsleiter**, um sie mit den Anschriften der Niederlassungen zu vervollständigen.

- Sie markiert die Zellenendpunkte ihrer Tabelle mithilfe des **senkrechten Pfeils**.

Situation 5 – Seriendruck – Tischkarten – Etiketten

Anrede	Vorname	Name	Niederlassung
Herrn	Hans	Finke	Münster
Herrn	Richard	Scheck	Stuttgart
Frau	Ursula	Franke	Leipzig
Herrn	Werner	Kaufmann	Hannover
Herrn	Walter	Schäfer	Schwerin
Frau	Karin	Eybler	Regensburg
Frau	Hannelore	Voswinkel	Koblenz
Frau	Verena	Hansen	Kiel

■ Auf der *Registerkarte* **Tabellentools** wählt sie das *Register* **Layout** und klickt in der *Gruppe* **Zeilen und Spalten** dreimal auf das Icon **Rechts einfügen**.

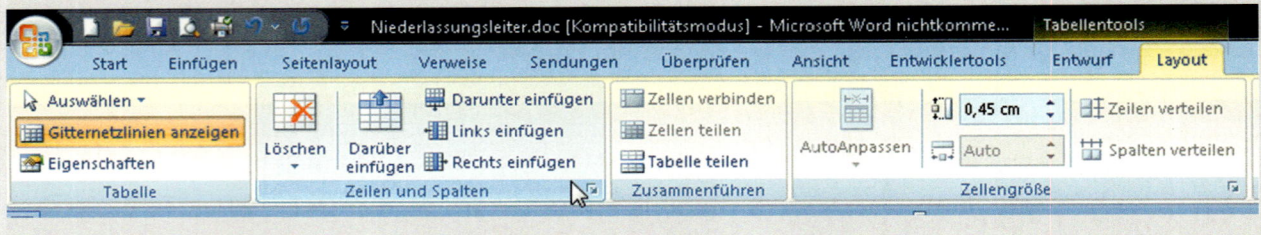

Drei weitere Spalten werden eingefügt.

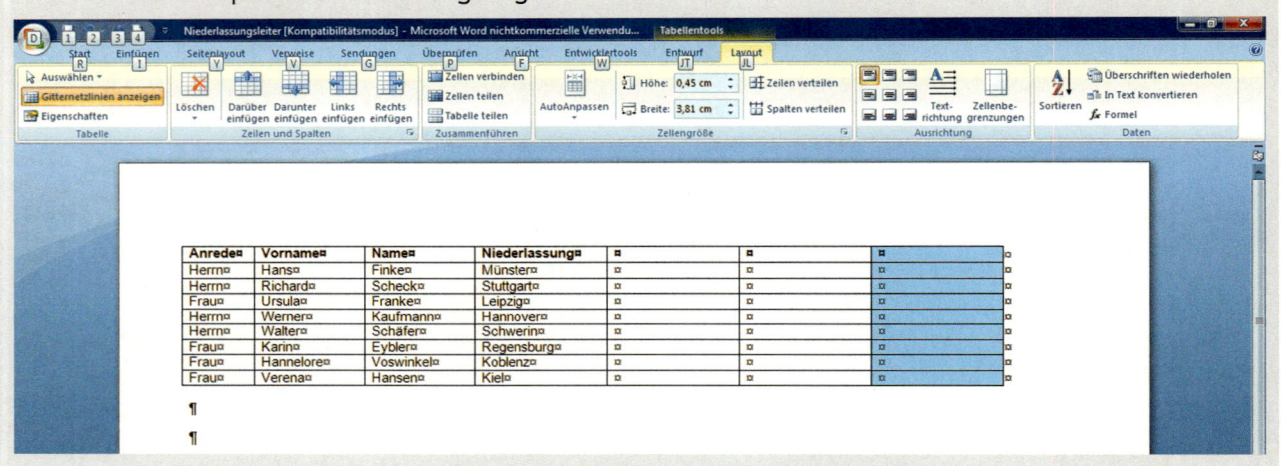

■ Im Steuersatz verändert sie den Begriff **Niederlassung** durch **Firmenname** und überschreibt die Ortsnamen mit SPORTLINE KG. In die neuen Spalten gibt sie die **Anschrift** der Niederlassungen ein und passt die Breite der Spalten durch Ziehen mit der linken Maustaste dem Inhalt an.

Anrede	Vorname	Name	Firmenname	Adresse	PLZ	Ort
Herrn	Hans	Finke	SPORTLINE KG	Ludgeristraße 100	48143	Münster
Herrn	Richard	Scheck	SPORTLINE KG	Kronenstraße 5	70173	Stuttgart
Frau	Ursula	Franke	SPORTLINE KG	Georg-Schumann-Str. 58	04155	Leipzig
Herrn	Werner	Kaufmann	SPORTLINE KG	Weidendamm 6	30167	Hannover
Herrn	Walter	Schäfer	SPORTLINE KG	Ellerried 74	19061	Schwerin
Frau	Karin	Eybler	SPORTLINE KG	Langobardenstraße 2	93053	Regensburg
Frau	Hannelore	Voswinkel	SPORTLINE KG	Carl-Zeiss-Straße 12	56070	Koblenz
Frau	Verena	Hansen	SPORTLINE KG	Holsteinstraße 79	24103	Kiel

■ Die ergänzte Datei speichert Finya unter dem Dateinamen **DQ Niederlassungen erweitert.docx** in ihrem Ordner **Eigene Datenquellen** und schließt das Dokument.

29.2 Adress-Etiketten einrichten

■ Finya lässt sich einen Bogen der Adress-Etiketten geben, die die SPORTLINE KG verwendet.

■ Sie öffnet ein neues Dokument und klickt auf der *Registerkarte* Sendungen in der *Gruppe* Seriendruck starten auf das Icon **Seriendruck starten** und wählt den Befehl **Etiketten**.

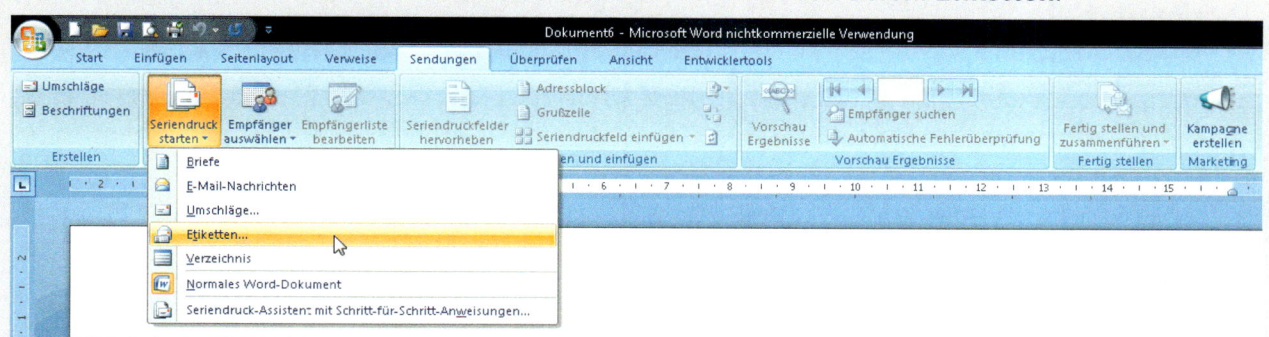

■ In dem sich öffnenden Dialogfeld **Etiketten einrichten** stellt Finya die **Etiketteninformationen – Etikettenhersteller und Etikettennummer** – ein und bestätigt mit **OK**.

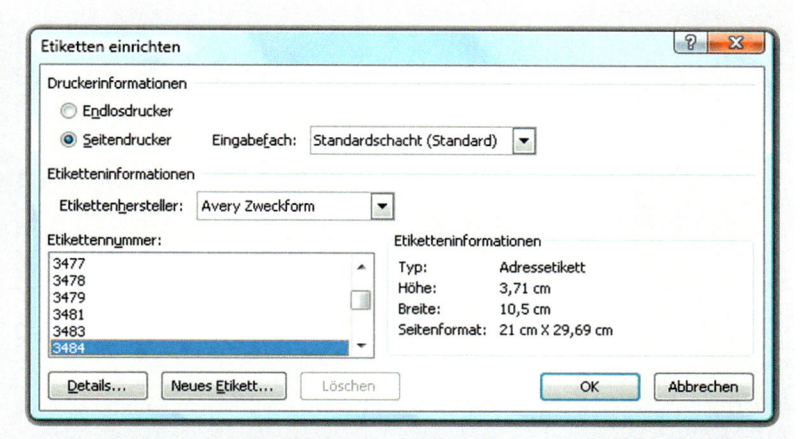

Word erstellt ein neues Dokument, das in Tabellenform die Etiketten anzeigt.

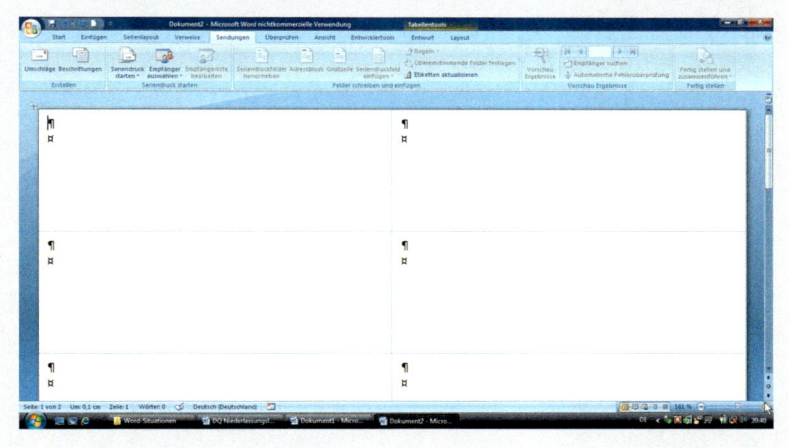

■ Im ersten Etikett gibt Finya die Absenderangabe in der Schriftart **Arial**, mit dem Schriftgrad **8 pt** und **unterstrichen** ein. Sie schlägt die Taste **Return** an und setzt den Cursor vor den Zellenendpunkt.

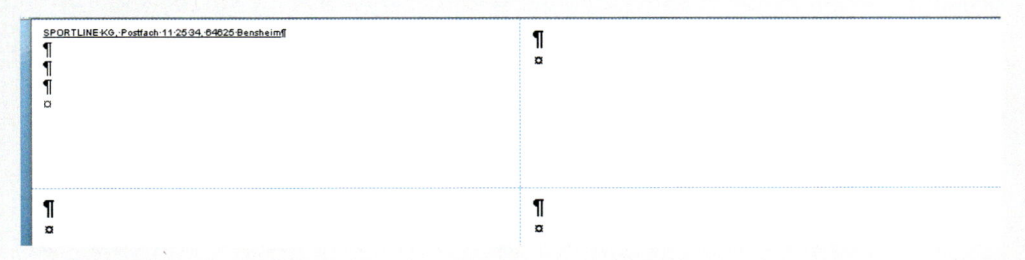

Situation 5 – Seriendruck – Tischkarten – Etiketten

29.3 Seriendruckfelder einfügen

- Finya klickt auf der *Registerkarte* Sendungen in der *Gruppe* Seriendruck starten auf das Icon **Empfänger auswählen** und wählt den Befehl **Vorhandene Liste verwenden...**, da sie ja bereits eine Datenquelle erstellt hat.

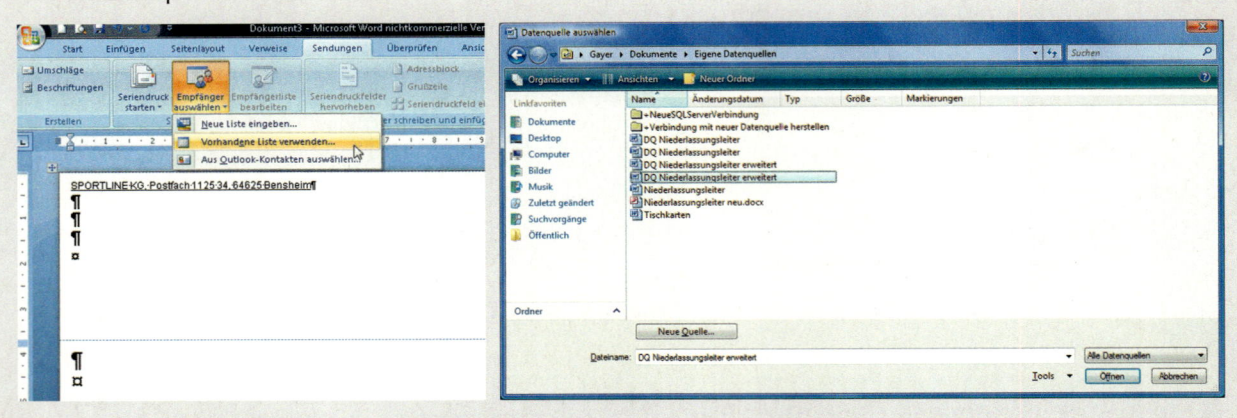

- Sie sucht sich in dem Dialogfeld Datenquelle auswählen den Ordner **Eigene Datenquellen** und klickt **doppelt** auf die Datei **DQ Niederlassungen erweitert.docx**.

- In allen Etikettenfeldern – außer dem ersten – erscheint das Feld «Nächster Datensatz», das in sogenannte Chevrons (« ») eingebettet ist. Dieses Feld wird später beim Drucken der Etiketten unterdrückt.

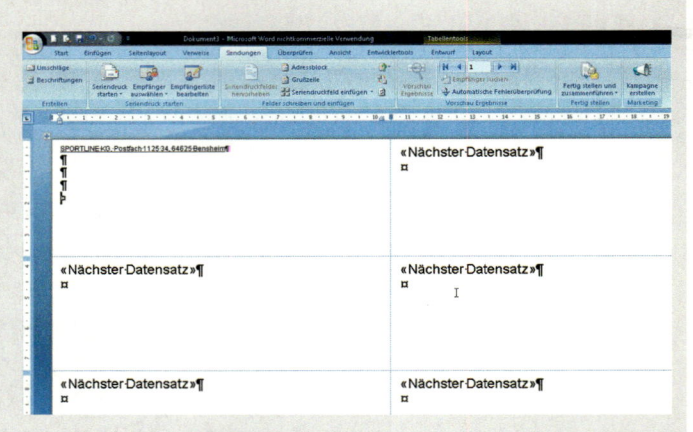

- Finya schlägt nun in der *Gruppe* Felder schreiben und einfügen den Listenpfeil bei **Seriendruckfeld einfügen** an.

- Sie fügt in das erste Etikett die Felder ein, die sie der DIN entsprechend gliedert. Beim Einfügen der Felder fällt Finya auf, dass sie sogleich die Leerzeichen und die Returns einfügen kann.

Situation 5 – Seriendruck – Tischkarten – Etiketten

- Vorsorglich prüft sie über das Icon **Vorschau Ergebnisse**, ob sie alles richtig gemacht hat.

- Erneut klickt sie auf dieses Icon, um die Feldnamen wieder zu sehen.

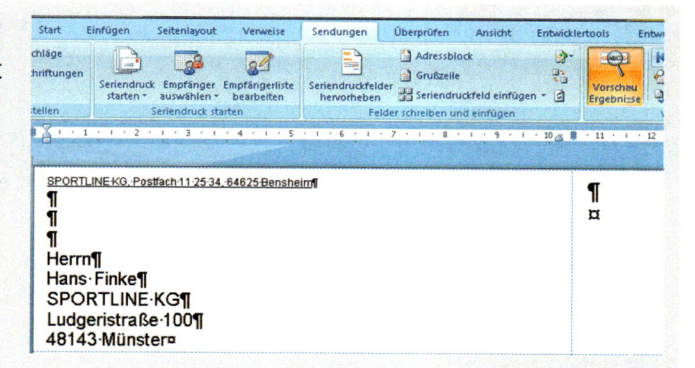

- Um auch die anderen Datensätze zu erhalten, klickt Finya in der *Gruppe* Felder schreiben und einfügen auf das Icon **Etiketten aktualisieren**. Sofort werden alle Etiketten mit den Feldnamen versehen.

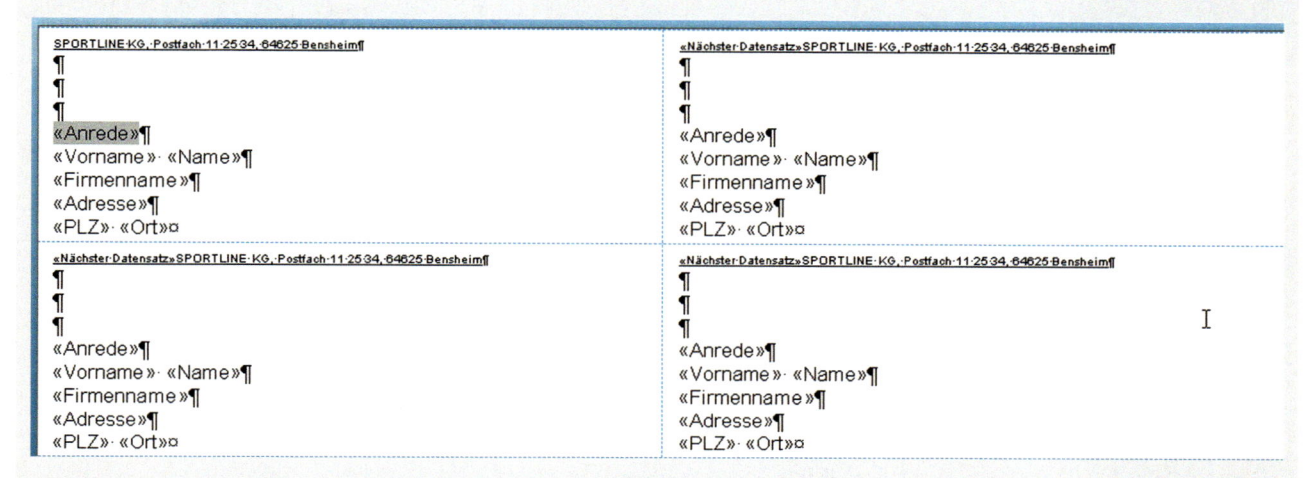

- Finya schaut sich alle Adressen noch einmal in der **Vorschau** an.

- Sie speichert die Datei unter dem Namen **Etiketten – Niederlassungen**, um jederzeit darauf zurückgreifen zu können.

29.4 Adress-Etiketten formatieren

> Dass die Etiketten so eng am linken Rand ausgerichtet sind, gefällt Finya nicht; denn rechts im Etikettenfeld ist noch ausreichend Platz vorhanden. Finya beschließt, die Adressen mithilfe der Absatzformatierung etwas nach rechts zu rücken.

- Sie **markiert** die komplette Seite der Etiketten, öffnet mit der rechten Maustaste das **Kontextmenü** und wählt den Befehl **Absatz**.

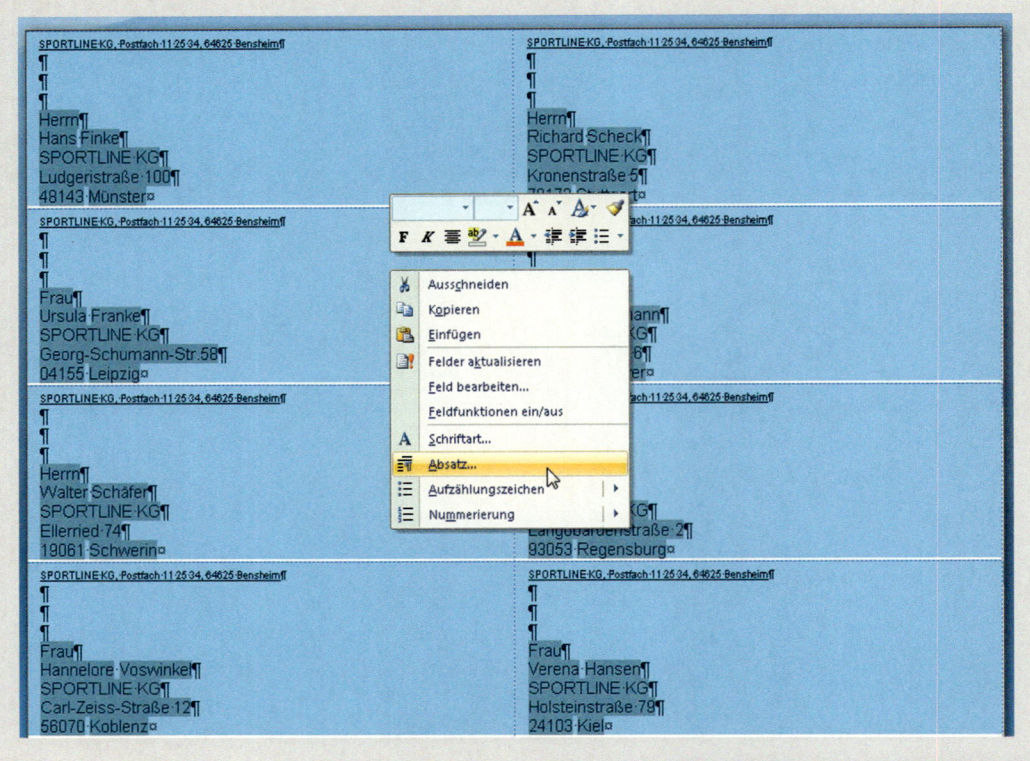

- Sogleich öffnet sich das gleichnamige Dialogfeld **Absatz**.

- In dem Dialogfeld nimmt Finya die Einstellung wie abgebildet vor. Dabei ist ihr wichtig, dass der **Einzug** vom **linken** Rand der Etiketten **0,8 cm** beträgt. Die Absatzformatierung bestätigt sie mit **OK**.

- Alle Adressen wurden jetzt nach rechts gerückt. Der Abstand gefällt Finya gut und ist auch vorteilhaft beim Abziehen der Etiketten.

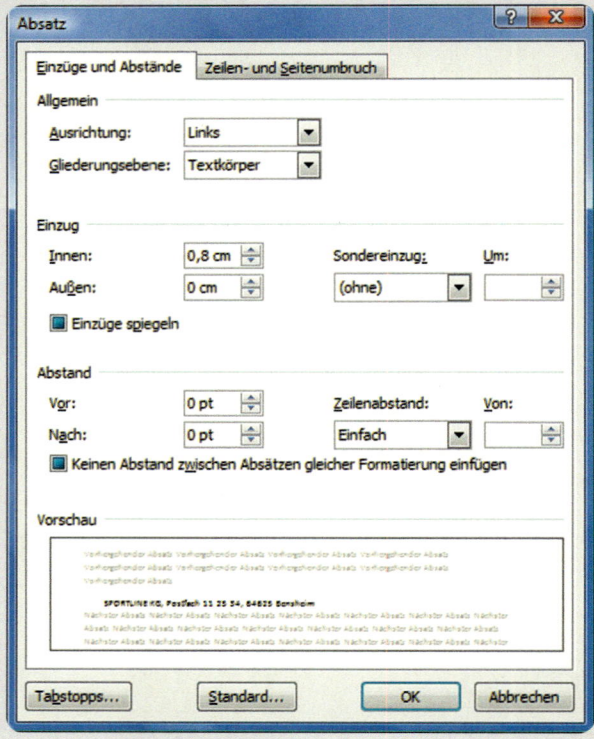

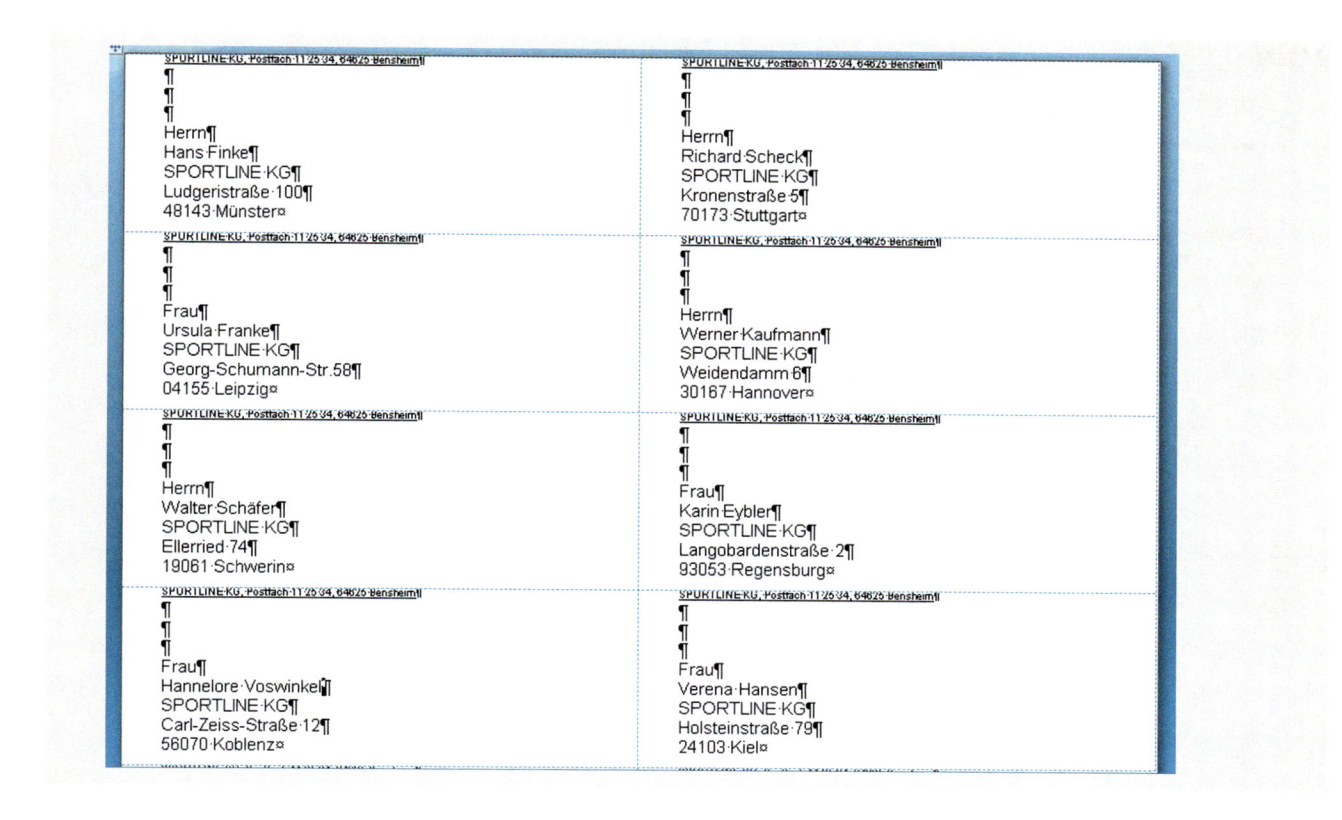

29.5 Adress-Etiketten drucken

- Finya **speichert** die Etiketten erneut und legt einen Etikettenbogen in das Druckerfach.

- Sie schlägt den Listenpfeil des Icons **Fertig stellen und zusammenführen** an und wählt den Befehl **Dokumente drucken...**

- In dem sich öffnenden Dialogfeld **Seriendruck an Drucker** bestätigt sie die **Datensatzauswahl – Alle** mit **OK**.

- Vorsichtig löst sie die gedruckten Etiketten vom Bogen ab und klebt sie auf C4-Umschläge, mit denen das Prospektmaterial an die Niederlassungsleiter verschickt werden soll.

Das lernen Sie in der Situation 6

Einladung 2-spaltig im A4-Querformat schreiben und gestalten

Visitenkarten erstellen und Grafiken einbinden

→ Allgemeine Überlegungen zur Einladung
→ Seitenränder festlegen
→ Spalten einfügen
→ WordArt verwenden
→ Text in Spalten erfassen
→ Spaltenwechsel durchführen
→ Grafik einbinden
→ Einladungstext schreiben und DIN-gerecht gestalten
→ Drucken von Vorder- und Rückseite
→ Visitenkarten erstellen
→ Visitenkartenformat auswählen
→ Visitenkarten formatieren
→ Grafik einfügen und wirkungsvoll platzieren

30 Situation 6

Finya hat ihre Zwischenprüfung erfolgreich bestanden; auch war ihre Wohnungssuche erfolgreich. Nun hat sie gleich zwei gute Gründe zum Feiern. Finya überlegt, wen sie einladen soll.

Ihre Kollegin war ihr gerade in der Anfangsphase ihrer Ausbildung und beim Lernen für die Zwischenprüfung eine große Hilfe. Auch Herrn Bodo Silvester und zwei weitere Kolleginnen möchte sie gerne einladen; außerdem noch sechs ihrer besten Freunde.

30.1 Einladung entwerfen und gestalten

30.1.1 Vorüberlegungen

Bevor Finya mit der Gestaltung der Einladung beginnt, überlegt sie, wie diese aussehen und welche Punkte die Einladung enthalten sollte.

- Die Einladung sollte enthalten:

Absender	Termin für die Rückmeldung
Anlass der Einladung	Telefonnummer
Termin/Uhrzeit	E-Mail-Adresse
Ort	Verpflegung

✓ Die Einladung soll 2-spaltig im Format A5 hoch und doppelseitig gedruckt werden

✓ Das Deckblatt will sie mit einer Grafik des Zusatzprogramms WordArt gestalten.

✓ Die Innenseite mit dem Text will sie freundlich und kurz formulieren und übersichtlich anordnen.

✓ Auf der Rückseite der Einladung sollen der Termin für die Zusage, die Telefonnummer und die E-Mail-Adresse stehen.

Finya will die Einladung mit dem Programm Word schreiben und gestalten. Sie bittet ihre Kollegin um Hilfe, was sie bei einer zweispaltigen Einladung berücksichtigen muss. Durch das Erstellen der Tischkarten für die Informationsveranstaltung hat sie sich schon Kenntnisse im Umgang mit Tabellen und Spalten angeeignet. Für das Erstellen der Einladung mit Spalten gibt ihr die Kollegin wertvolle Tipps. Finya beginnt zunächst mit der Einstellung des Seitenrandes.

30.1.2 Seitenränder

■ Finya öffnet ein leeres Dokument und nimmt für die **Seitenränder** auf der *Registerkarte Seitenlayout* folgende Einstellungen vor. Dabei wählt sie zuerst die **Orientierung**, damit die Einstellungen für die Seitenränder auf das Querformat angewendet werden:

Orientierung:	**Querformat**
Oben: **2 cm**	Unten: **2 cm**
Links: **1,5 cm**	Rechts: **1,5 cm**

■ Die Einladung speichert Finya unter dem Dateinamen **Einladung – Zwischenprüfung** in ihrem **privaten Ordner**.

30.1.3 Spalten einfügen

■ Auf der *Registerkarte Seitenlayout* klickt Finya das Icon **Spalten** an und wählt den Befehl **Weitere Spalten**.

■ In dem sich öffnenden Dialogfeld Spalten klickt sie bei den Voreinstellungen auf **Zwei**.

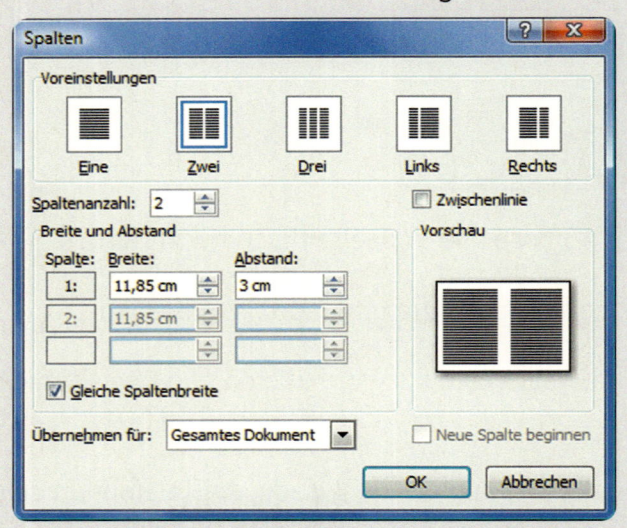

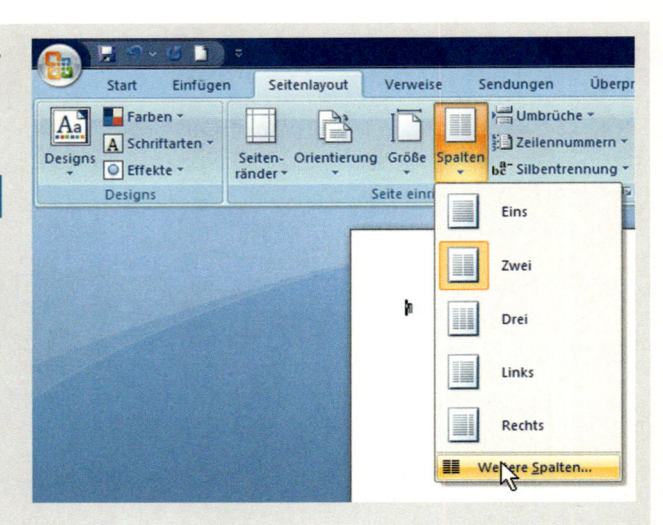

■ Um auf jeder A5-Seite den gleichen Seitenrand links und rechts zu erhalten, muss sie den Abstand zwischen den Spalten auf 3 cm vergrößern. Dabei ist es wichtig, den Abstand über den nach oben zeigenden Listenpfeil zu vergrößern, damit die Spaltenbreite entsprechend angepasst wird. In der Vorschau kann Finya das Ergebnis sehen.

■ Damit Finya die komplette Seite am Bildschirm sieht, klickt sie auf der *Registerkarte Ansicht* auf das Icon **Eine Seite**.

■ Mit dem Shortcut für den Spaltenwechsel Strg + Shift + **Return** wechselt Finya in die zweite Spalte.

■ Da Finya zwei Seiten benötigt, betätigt sie den Shortcut noch **zweimal** und lässt sich über das Icon **Zwei Seiten** die beiden Seiten nebeneinander anzeigen.

Situation 6 – Einladung – Visitenkarten

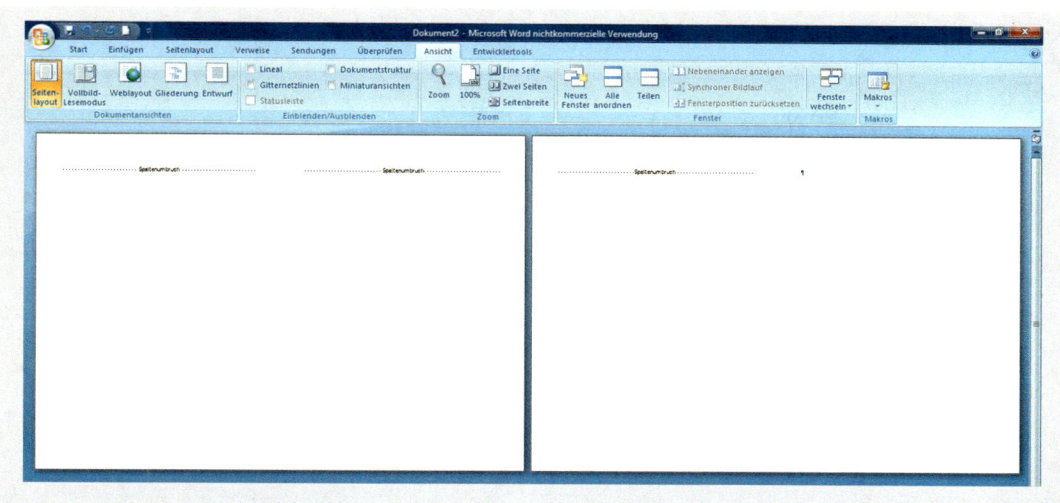

■ Finya überlegt, auf welcher Seite sie für das Deckblatt beginnen muss. Mit einem Mausklick wechselt sie in die **rechte Spalte** auf der **ersten Seite** und gibt **10 Returns** ein.

30.1.4 WordArt einfügen

■ Das Zusatzprogramm **WordArt**, mit dem Finya den Titel gestalten will, findet sie auf der *Registerkarte* **Einfügen**. Mit Klick auf das Icon öffnet sie das Zusatzprogramm.

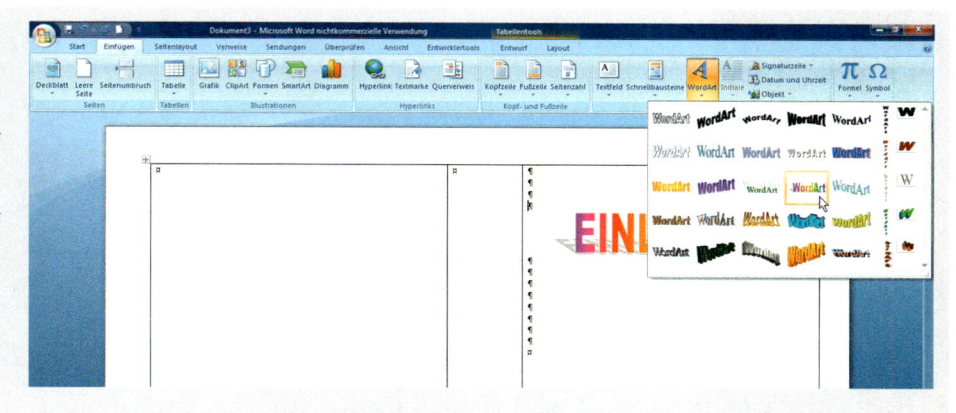

■ Sie wählt den markierten Vorschlag aus und schreibt in das sich öffnende Dialogfeld das Wort **Einladung** und bestätigt mit **OK**.

■ Das Wort Einladung **zentriert** Finya und stellt den Cursor auf das vorletzte Absatzzeichen.

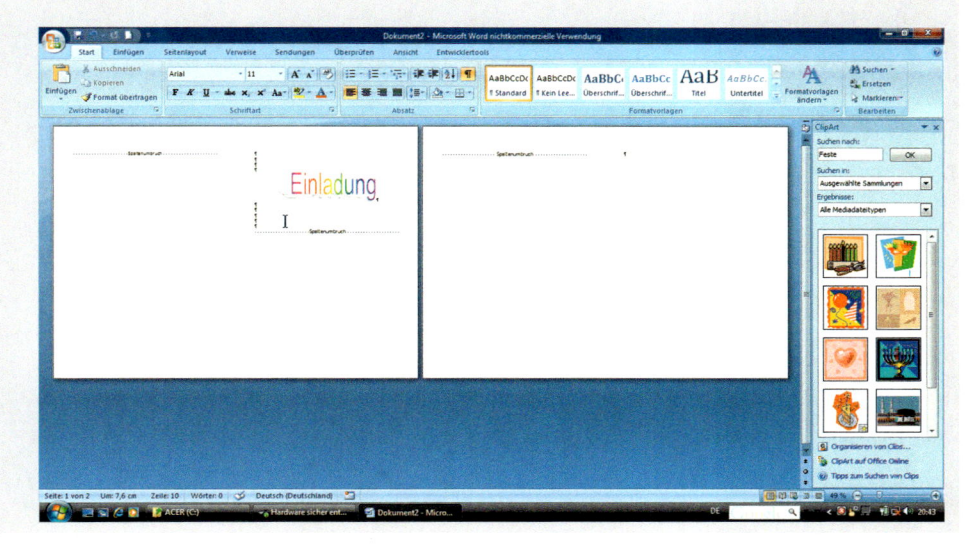

30.1.5 Grafik einfügen

- Um eine passende **Grafik** einzufügen, klickt Finya auf das Icon **ClipArt** in der *Gruppe* **Illustrationen**. Der **Aufgabenbereich** wird rechts eingeblendet.

- Sie gibt den Suchbegriff **Feste** ein und bestätigt mit **OK**. Einige ClipArts werden aufgelistet. Finya blättert mit der Bildlaufleiste nach unten, bis sie etwas Geeignetes findet.

- Mit einem Klick auf die ausgewählte Grafik fügt sie diese in das Dokument ein. Finya hätte hier auch die Möglichkeit, eine geeignete Grafik online auszuwählen.

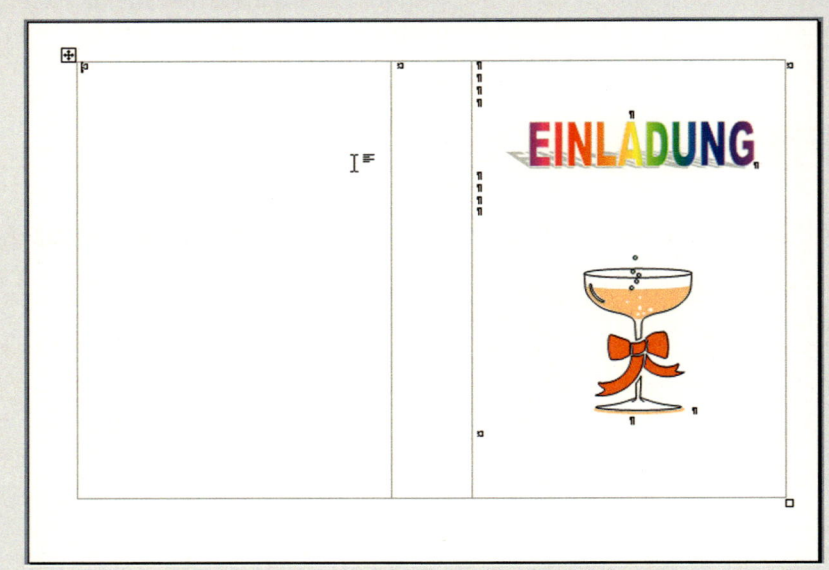

30.1.6 Einladungstext schreiben und gestalten

- Mit dem Shortcut für Spaltenwechsel springt Finya auf die zweite Seite, schreibt mit **WordArt** diesmal auf der linken Seite **Zwei Gründe zum Feiern** und ordnet den Schriftzug diagonal an.

- Darunter gibt sie den Text **Zwischenprüfung bestanden** und **Wohnungssuche erfolgreich** ein und setzt davor ein **Häkchen**.

- Nun wechselt Finya in die **rechte Spalte** der zweiten Seite und schreibt den **Einladungstext** mit den vorher zusammengestellten Punkten.

- Damit Finya für ihre kleine Feier planen kann, muss sie noch die Telefonnummer und die E-Mail-Adresse auf die Rückseite schreiben. Außerdem will sie den Termin für die Antwort hinzufügen.

- Erneut **speichert** sie die Einladung unter dem gleichen Dateinamen und **druckt** die erste Seite der Einladung. Danach legt sie die Seite erneut in den Drucker und druckt die zweite Seite aus.

Sie hat sich viel Mühe mit der Einladung gegeben und ist sehr zufrieden.

LÖSUNG

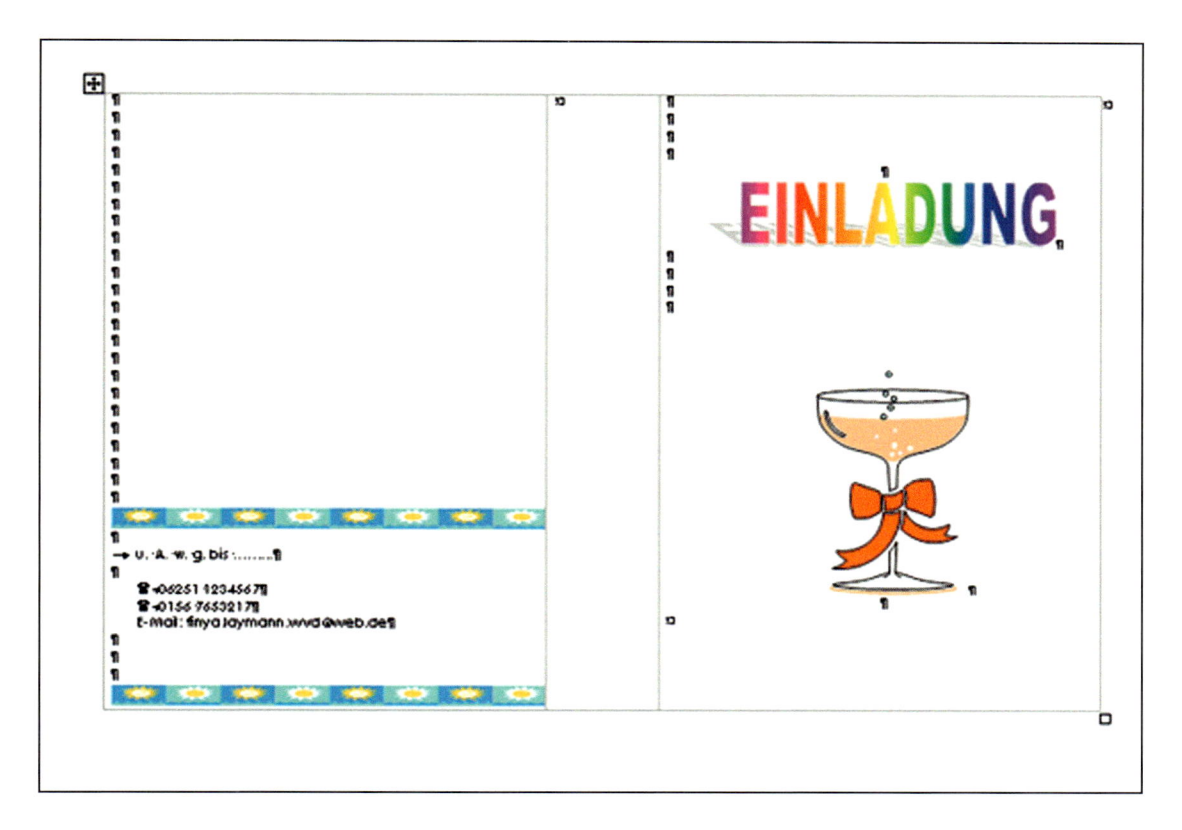

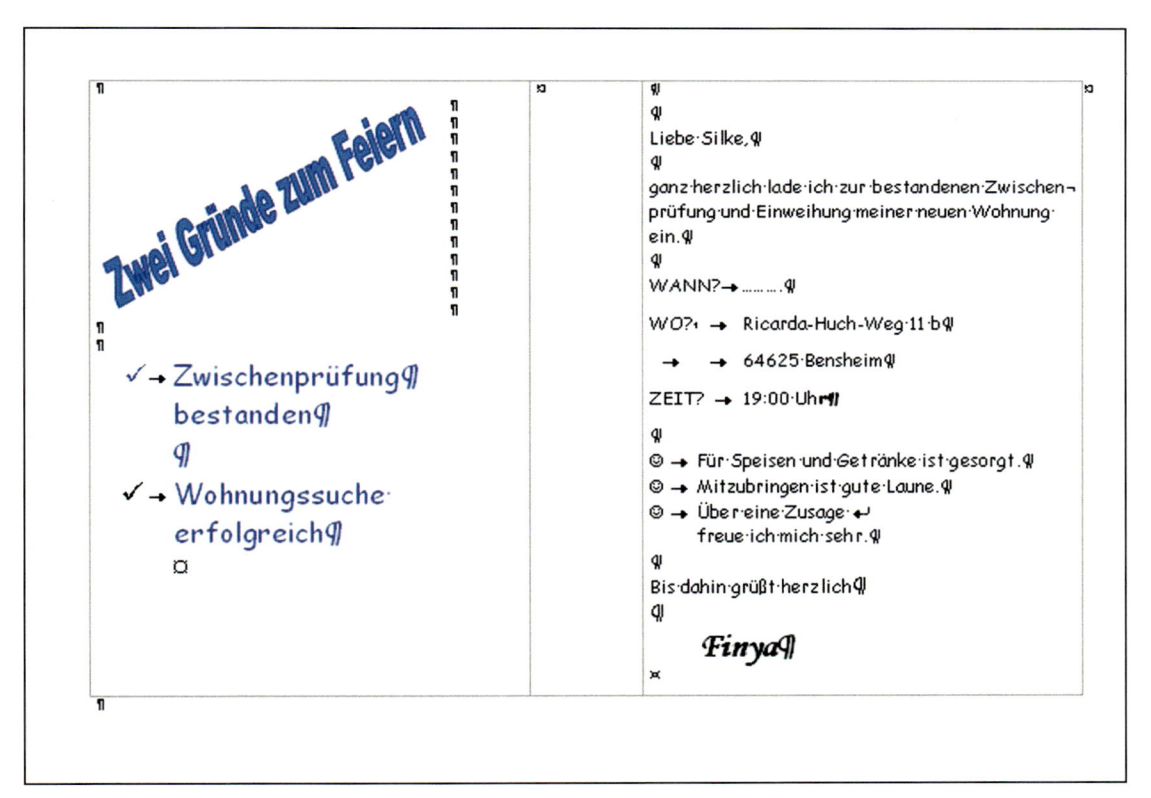

EINLADUNG

u. A. w. g. bis ....
☎ 06251 1234567
☎ 0156 7653217
E-Mail: finya.jaymann.wvd@web.de

Zwei Gründe zum Feiern

✓ Zwischenprüfung bestanden

✓ Wohnungssuche erfolgreich

Liebe Silke,

ganz herzlich lade ich zur bestandenen Zwischenprüfung und Einweihung meiner neuen Wohnung ein.

WANN? → ....
WO? → Ricarda-Huch-Weg 11 b
       → 64625 Bensheim
ZEIT? → 19:00 Uhr

☺ → Für Speisen und Getränke ist gesorgt.
☺ → Mitzubringen ist gute Laune.
☺ → Über eine Zusage freue ich mich sehr.

Bis dahin grüßt herzlich

Finya

Situation 6 – Einladung – Visitenkarten

31 Visitenkarten

Zur Einweihungsfeier der neuen Wohnung brachte Finyas Kollegin ein Kästchen als Geschenk mit. Darin befanden sich ein Visitenkartenetui und mehrere unterschiedliche Bögen von Blankovisitenkarten zum Bedrucken. Diese Visitenkarten möchte Finya nun gestalten und mit ihrer neuen Anschrift versehen. Dabei will ihr die Kollegin behilflich sein. Sie erklärt ihr, dass Visitenkarten über die gleiche Funktion erstellt werden, welche sie auch bei den Etiketten verwendet hat.

31.1 Visitenkarten erstellen

Visitenkarten haben einen geschichtlichen Hintergrund. Wurde früher bei einem Besuch in einem vornehmen Haus dem Butler oder der Empfangsdame die Visitenkarte übergeben, ist heute im Geschäftsleben der Austausch von Visitenkarten ein absolutes Muss. In manchen Ländern haben Visitenkarten und deren Austausch einen großen Stellenwert. Aber auch im privaten Bereich sind Visitenkarten mittlerweile sehr beliebt; sie sagen immer etwas über den persönlichen Stil der Person aus, die sie überreicht.

Visitenkarten haben kein standardisiertes Maß. Es hat sich aber ein standardisiertes Format in der Größe einer Scheckkarte durchgesetzt.

■ Finya öffnet ein neues Word-Dokument, wählt auf der *Registerkarte* Sendungen in der Gruppe Erstellen das Icon **Beschriftungen**.

■ Das *Dialogfeld* Umschläge und Etiketten öffnet sich und der Cursor blinkt in einem Feld, in das die Adresse eingegeben werden kann.

■ Da jedoch die Beschreibung des Etikettennamens nicht mit Finyas Etiketten-Marke übereinstimmt, klickt sie zunächst auf die Schaltfläche Optionen...

■ In dem sich öffnenden *Dialogfeld* Etiketten einrichten sucht sie sich den richtigen Etikettenhersteller und die zutreffende Etiketten-Marke.

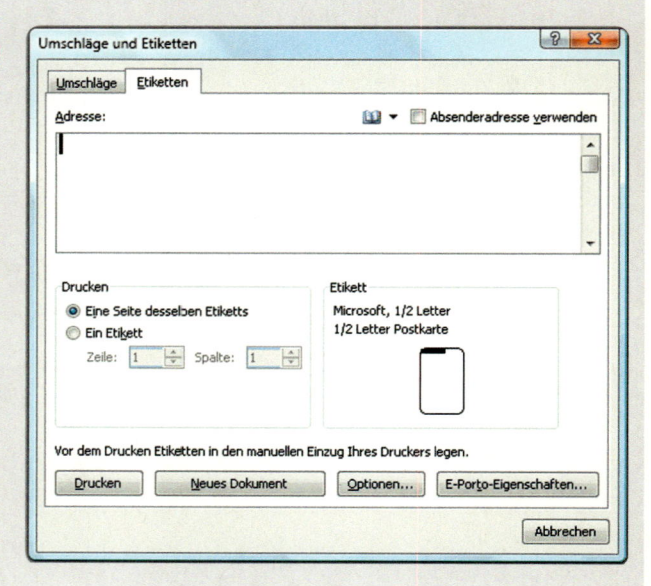

Situation 6 – Einladung – Visitenkarten

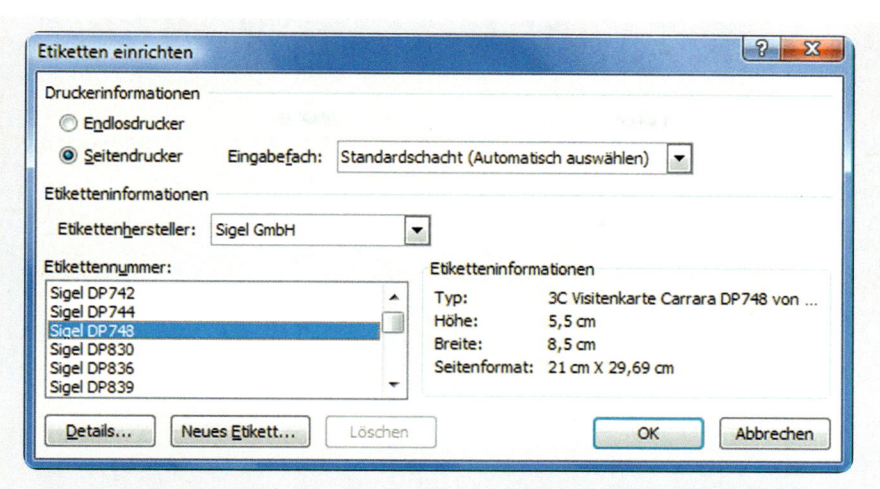

- Ein Blick rechts auf die Etiketteninformationen zeigt ihr, dass jetzt neben **Typ**: die Visitenkartenbezeichnung eingetragen ist. Die Auswahl bestätigt sie mit **OK**.

- Nun gibt Finya in dem Feld **Adresse** ihre Daten ein:
  Finya Laymann
  Ricarda-Huch-Weg 11 b
  64625 Bensheim
  Telefon: 06251 1234567
  E-Mail: finya.laymann.wvd@web.de

- Sie klickt auf die Schaltfläche **Neues Dokument**.

Ein neues Dokument wird geöffnet, das in der Titelleiste den Namen Adressetiketten erhalten hat.

Das ganze Blatt besteht aus einer Tabelle. Die Zellen sind in der Größe mit den Visitenkarten identisch. Allerdings gefällt Finya die Anordnung überhaupt nicht.

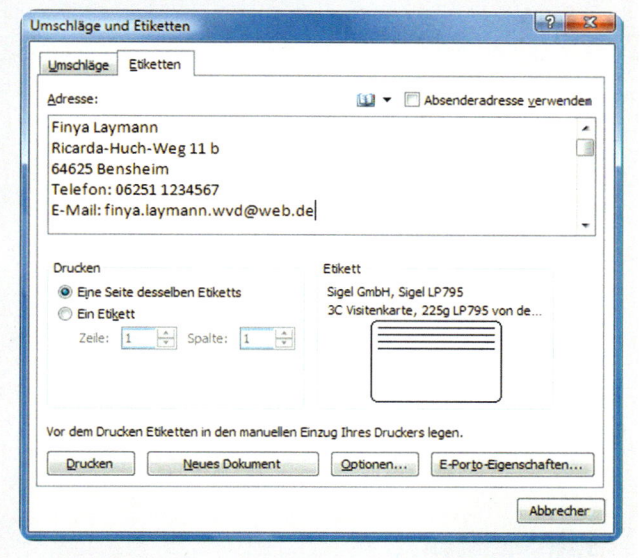

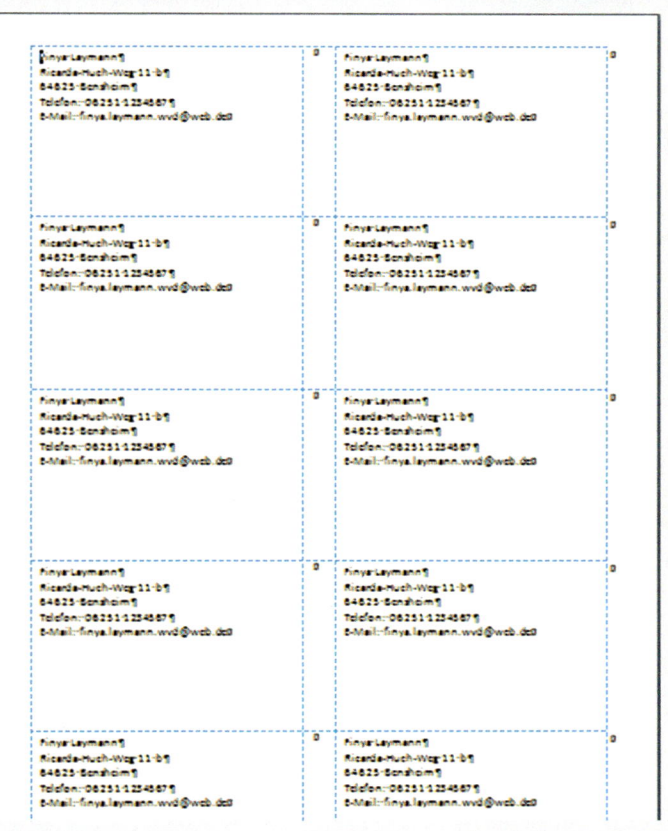

123

Situation 6 – Einladung – Visitenkarten

31.2 Visitenkarten formatieren

■ Finya **markiert** in der ersten Zelle die gesamte Anschrift mithilfe des nach rechts in die Zelle zeigenden schwarzen Pfeils.

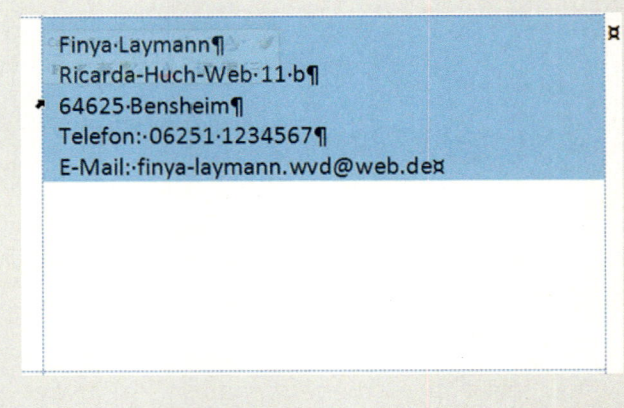

■ Sie wählt erneut das Icon **Beschriftungen**. Die markierte Anschrift wird ihr nun im Adressfeld angezeigt.

■ Mithilfe der Absatzformatierung rückt Finya die gesamte Anschrift um **0,8 cm** nach rechts, um etwas **Abstand** zum linken Visitenkartenrand herzustellen.

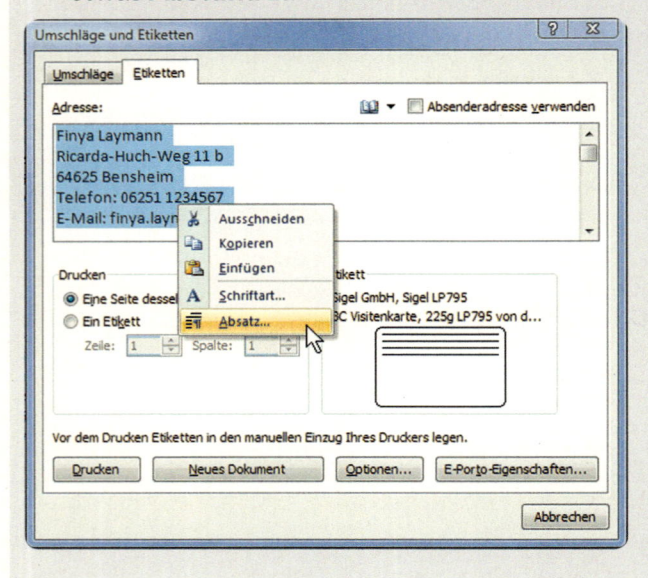

■ Den Cursor stellt Finya an den Anfang der Adresse und hebt damit die Markierung auf. Sie fügt **zwei Returns** ein, damit die Anschrift nicht zu dicht am oberen Visitenkartenrand steht.

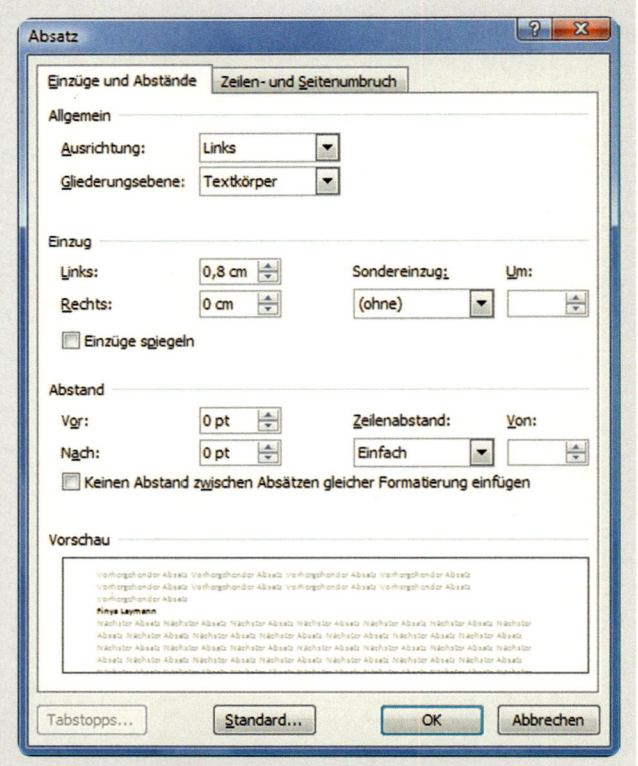

■ Erneut **markiert** sie die gesamte Anschrift und wählt über das Kontextmenü den Befehl **Schriftart**, der das gleichnamige Dialogfeld öffnet.

■ Den markierten Text formatiert sie in der Schriftart **Comic Sans MS**, mit dem Schriftgrad **11 pt** und in der Farbe **Blau**.

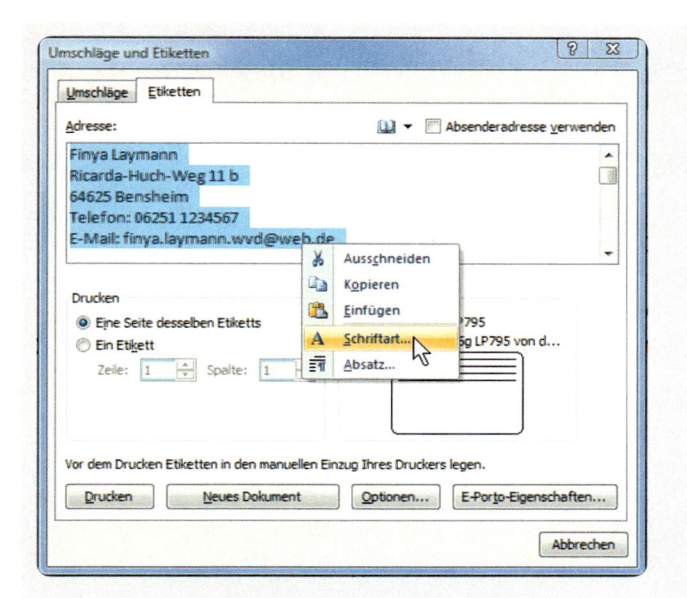

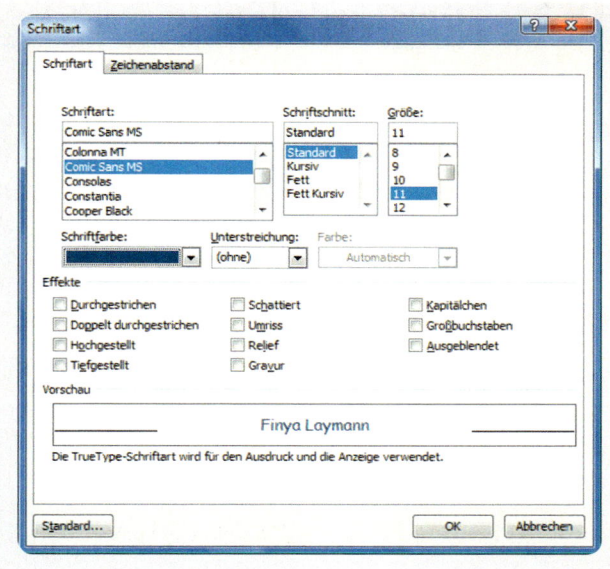

- Zur übersichtlicheren Gestaltung fügt sie zwischen Ort und Telefonangabe noch eine Leerzeile ein und verkleinert das Absatzzeichen auf **6 pt**.

- Ihren **Namen** markiert sie und weist diesem den Schriftgrad **14 pt** und **Fettdruck** zu.

- Sie klickt auf die Schaltfläche Neues Dokument und sieht, dass ihre Formatierungen in einem neuen Dokument auf allen Visitenkarten übernommen wurden.

- Finya **speichert** die Visitenkarten unter dem Dateinamen **Visitenkarten – Text** und **druckt** eine Seite auf einem **Farbdrucker** aus.

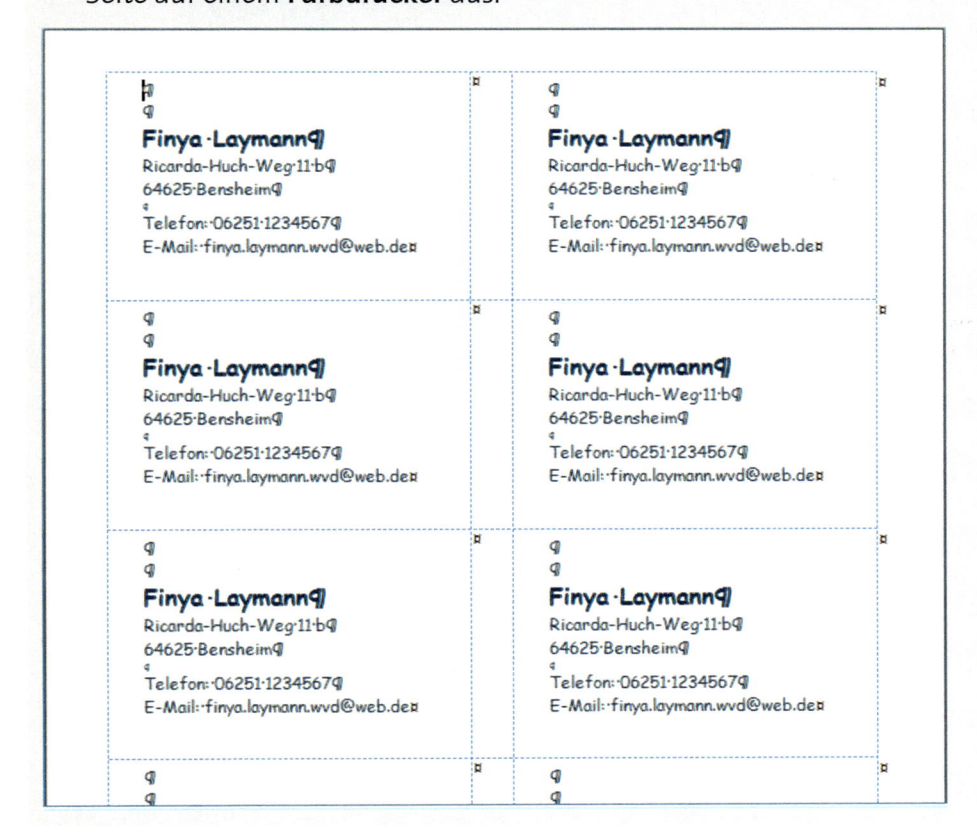

Situation 6 – Einladung – Visitenkarten

31.3 Grafik einfügen

> In ihrer Freizeit treibt Finya viel Sport. Sie trifft sich oft mit Freunden zum Joggen und zum Tennisspielen; manchmal verabredet sie sich auch zum Inliner fahren. Sobald sie mit der Ausbildung fertig ist, will sie einen Golfkurs belegen. Für den rein privaten Bereich möchte Finya einige Visitenkarten mit einer sportlichen Grafik versehen und auch separat speichern.

■ Sie klickt auf der *Registerkarte* **Einfügen** in der *Gruppe* **Illustrationen** auf das Icon **ClipArt**.

■ Rechts auf ihrem Bildschirm öffnet sich der Aufgabenbereich. Sie gibt den Suchbegriff „Sport" ein und bestätigt mit **OK**.

■ Es werden ihr einige ClipArts mit Sportmotiven aufgelistet. Sie entscheidet sich zunächst für die Golferin und fügt mit einem Klick auf das Bild die Grafik ein.

■ Die Größe der Grafik passt Finya dem freien Bereich der Visitenkarte an.

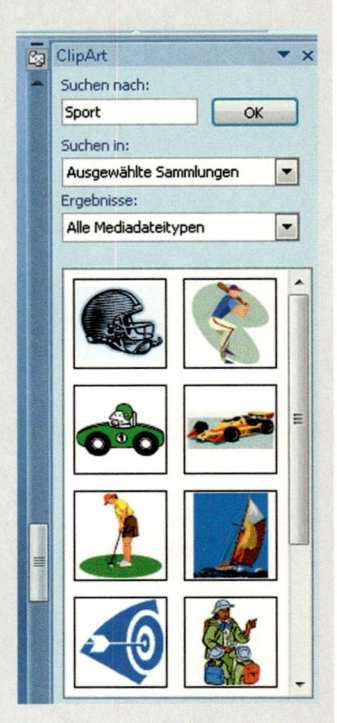

■ Sie öffnet das **Kontextmenü**, zeigt auf den Befehl **Textumbruch** und klickt in dem sich öffnenden Flayout-Menü auf den Befehl **Passend**.

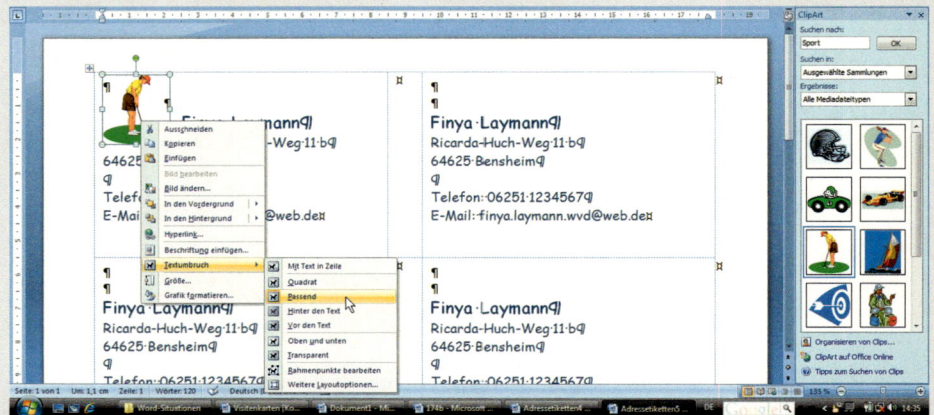

126

Situation 6 – Einladung – Visitenkarten

- Nun kann Finya die Grafik mit dem schwarzen Fadenkreuz nach rechts schieben.

- Das Einbinden einer Grafik in die Visitenkarte gefällt Finya, daher will sie auf jeder Karte eine andere Grafik einfügen und diese auch unterschiedlich positionieren.

- Finya hat auch die Möglichkeit, Grafiken über die *Registerkarte* Bildtools zu gestalten, was sie bei einigen Grafiken ausprobiert. Dabei klickt sie sich auch durch die Möglichkeiten, welche ihr im Textumbruch angeboten werden.

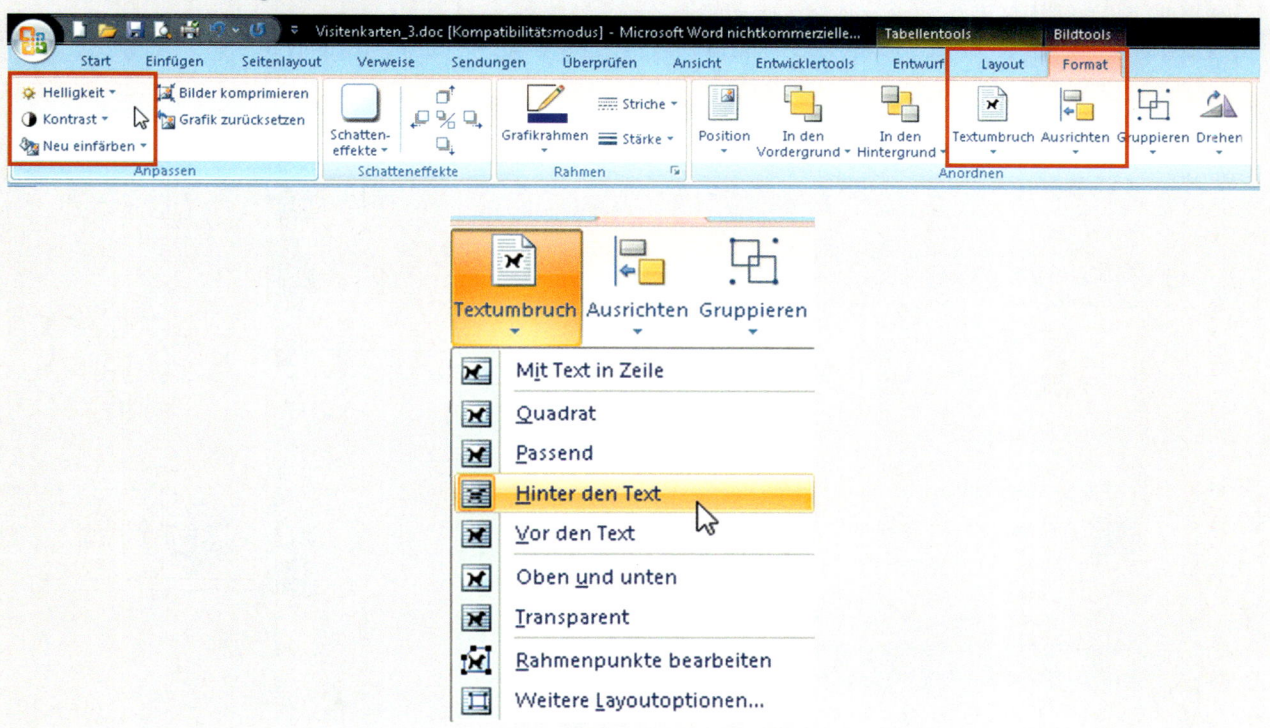

127

Situation 6 – Einladung – Visitenkarten

LÖSUNG

■ Finya **speichert** die Visitenkarten unter dem Dateinamen **Visitenkarten – sportlich** und **druckt** auch hiervon eine Seite auf einem Farbdrucker aus.